KB132648

등교거부 심리치료

»하루 여섯 번의 인사«

성태훈 저

학지사

시작하며

대학 때는 막연히 아동·청소년을 위한 뭔가를 하고 싶었다. 그리고 대학원 재학 중에는 선배를 따라서 청소년 따돌림에 대한 연구에 참여하였고, 석사학위논문도 초등학생과 중학생을 대상으로 애착유형과 또래관계에 대해서 썼다. 그러다 병원에 임상심리 수련을 들어가 성인 환자들을 많이 만나다 보니 아동보다는 다양하고 복잡한 성인의 정신병리와 심리적 역동에 관심이 생기면서 아동·청소년에 대한 관심이 조금 멀어졌었다.

그런데 병원 수련을 마친 후 전문가 타이틀을 달고 여러 병원에서 프리랜서로 심리검사를 수행하면서 다시 아동·청소년에 관심을 가지게 되었다. 소아청소년정신과에서 일을 많이 했었는데, 여러 환자군 중에서도 등교거부 아이들에게 정신과가 해 줄 수 있는 게 별로 없다는 것을 알게 되었다. 등교거부라는 현상은 약으로 통제할 수 있는 게 아니다. 그러다 보니 심리검사를 하러 한 번 정도는 억지로 병원에 오지만 지속적으로는 오지 않게 된다. 이 아이들은 집 밖으로 나가지 않기 때문이다.

이 지점에서 심리학자로서 호기심이 더 커졌던 것 같다. 심리검사를 해 보면 등교를 거부하는 아이들은 자존감이 매우 낮고, 부정적 평가에 대한 민감성이 컸다. 자존감이 낮아서 콩을 콩이라고 말해도 '날 그것도 모르는 무식쟁이로 보나?'라는 의심을 할 정도이니, 낯선 사람과 대면해야 하는 병원이나 상담에 오게 하는 것은 훨씬 더 어렵다. 그런데 매일 집에 있으면서 같이 사는 부모가 이들을 부정적으로 보고 있으니 가뜩이나 부정적 평가에 취약한 아이들을 한집에 같이 사는 부모가 더 힘들게 만들고 있는 것이다. 그렇다면 방법은 부모로부터 아이를 분리시키고 아이가 위협적으로 느끼지 않을 만한 지지적 환경을 제공하는 것이 중요하겠다는 생각을 했다. 그리고 심리적 접근으로 할 수 있는 게 없을까 하는 생각에 관련 프로그램을 구상하여 상담센터를 열었다.

처음에 구상했던 방식은 부모의 비난으로부터 아동을 보호하는 것을 가장 중요한 과제로 여기고, 등교거부 아이들을 낮에 학교 대신 상담센터로 오게 하여 지지적인 분위기 속에서 생활하게 하는 것이었다. 그러려면 주거와 생활관리를 해야 하는데 소장 혼자 운

영하는 상담센터에서 그러한 환경을 만들기는 어려웠다. 무엇보다 등교거부 상담 사례가 가끔 있다 보니, 이러한 방식을 치료자 스스로도 제대로 권하지 못했던 것 같다.

이러한 현실적 상황 속에서 자연스럽게 '부모를 바꾸는 것'으로 목표가 바뀌게 되었다. 중요한 것은 부정적 평가로부터 아이를 보호하는 것이니, 부모로부터 물리적으로 벗어나게 하는 것도 방법이지만, 부모가 잔소리를 안 하게 바꿀 수 있다면 똑같은 효과를, 아니 더 큰 효과를 보게 될 것이었다. 그래서 부모교육에 초점을 두어 상담을 하게 되었다. '하루 여섯 번의 인사'는 상담센터를 열고 나서 지난 13년 동안 조금씩 쌓인 상담 및 부모교육의 결과물이다. 이 책은 연구 관련 사업 성과를 내기 위해서 만든 것은 아니며, 논문을 쓰기 위해 기존의 연구를 하나하나 검토해서 만든 것도 아니다. 현장 임상가가 실제 상담을 하면서 부딪히고 수정하며('이렇게' 말해서 다음에 내담자가 안 오면, '저렇게' 말하는 방식으로) 자연스럽게 만들어진 매뉴얼이다.

무작위 통제 실험에 기반한 근거기반 실천이 점점 중요해지는 현실에서 논문 하나 없는 치료 방법을 제시하는 것이 맞는가 하는 의문이 생길 수도 있다. 그러나 내담자의 동의를 얻거나 점수로 기록을 남기지 않았을 뿐, 효과를 말할 수 있는 증거는 내 상담기록에 무수히 저장되어 있다.

연구방법론적 타당성을 확보해야 하고 앞으로 이를 위해 노력해야겠으나, 등교거부를 비롯한 회피성 성격 문제가 점점 더 심각해지는 시대적 상황, 그럼에도 현장에서 치료적 대응을 하기 매우 어려운 문제임을 생각하면, 조금이라도 빨리 많은 치료자와 매뉴얼을 공유하는 것이 더 좋겠다는 생각에 출판을 결심하게 되었다. 부디 심리상담 및 정신건강 장면에서 일하고 계시는 많은 선생님께 실제적인 도움이 되길 바란다.

마지막으로, 출판을 흔쾌히 허락해 주신 학지사 김진환 사장님, 깔끔하게 편집해 주신 박나리 님, 그리고 마지막에 나오는 매뉴얼을 꼼꼼히 정리해 준 진원화 선생님께 깊은 감사를 드린다.

성태훈

제2부 하루 여섯 번의 인사 치료자 매뉴얼

제1부

하루 여섯 번의 인사

01
오리엔테이션

🎒 웃으면 복이 와요

우리 말에 웃으면 복이 온다는 말이 있다. 예전에는 같은 제목의 코미디 프로그램도 있었다. 통상적으로 복이 오면, 즉 좋은 일이 생기면 웃는 건 너무 당연한 일이어서 따로 말할 필요가 없다. 그런데 반대로 '정말 웃으면 복이 올까? 정말 웃으면 좋은 일이 생기나?'라는 질문에 대해서는 좀 더 생각할 부분이 있다.

내가 초등학교 때는 코미디언들을 업신여기는 분위기가 있었다. 그런데 한 코미디언(김형곤 님이었던 걸로 기억한다)이 "밤에는 다들 쉬어야 하는데 정치, 사건사고 같은 진지한 얘기만 나온다. 밤에는 쉬어야 하고 웃을 수 있는 걸 봐야 한다."라고 말했고, 그즈음부터 저녁이 아닌 10~12시 시간대에 하는 밤 예능이 많아졌던 것 같다. 코미디언이 정책과 사람들의 삶의 방향에 영향을 주기 시작한 것이다. 요즘은 소위 '코미디 프로'의 확장판인 예능 프로그램을 밤 시간대에 시청하고 나서 잠을 자는 것이 일상이 되었다. 시대를 풍미했던 개그콘서트라는 프로그램은 전 국민의 일요일 저녁을 행복하게 만들어 주었다. 프로그램이 끝나는 것이 일요일의 끝이자 월요일의 시작임을 알려 주는 것이라 탄식이 나오기도 했다. 그러나 그것은 고통의 한숨이기보다는 잘 끝난 휴일의 아쉬움이자 또 다음 주에 개콘을 볼 수 있다는 희망으로 한 주를 버티게 하는 원동

력이었다.

내 강의는 주로 30~50대 상담을 공부하는 선생님들이 많이 듣는데, 대부분이 여성이다. 강의를 시작할 때 맥락에 상관없이 배우 공유의 사진을 크게 해서 스크린에 보여 주면 선생님들 대부분이 저절로 미소를 짓고, 심지어 소리를 지르는 경우도 있다. 공유가 뭐 해 준 것도 없는데 얼굴 한 번 본 것만으로 너무 행복해하는 모습을 보인다. 이렇게 공유 사진을 보고 강의를 들었을 때와 공유 사진을 보지 않고 강의를 들었을 때, 어떤 경우에 더 강의 내용을 잘 기억할까? 굳이 실험 결과를 들먹이지 않아도 전자가 더 긍정적 결과를 이끌어 낼 것임을 어렵지 않게 예상할 수 있다. 기억이 감정과 연결된다는 것은 이제는 상식이다.

여자 청소년에게는 아마 BTS와 같은 아이돌 사진을 보여 주면 비슷한 효과가 나타날 것이다. 그런데 남자 청소년은? 이들에게는 LOL(League of Legends) 게임 영상이나 웃긴 먹방 콘텐츠가 같은 역할을 한다. 이렇게 개인차가 있어서 대상마다 웃기기 위한(즐거움을 제공하기 위한) 자원의 종류는 차이가 있을지언정, 한 번 웃고 나면 누구에게나 좋은 일이 생기는 건 공통된 현상이다.

그래서 우리는 아이를 일단 웃게 만들어야 한다.

🎒 밥은 먹고 다니니

밥차라는 게 있다. 노인분들이야 그렇다고 쳐도, 젊은 노숙자들에게까지 공짜로 밥을 주는 사람들이 있다. 왜 자기 힘으로 일할 수 있는 사람들에게 공짜로 밥을 줘야 하는가?

식사 때인 낮 1시나 저녁 6시쯤에 강의를 시작하는 경우, 강의장에 도착하면 관리하시는 선생님께서 "식사는 하셨어요?"라고 물어볼 때가 있다. 10년 전쯤 혈기왕성하던 시기에는 그 인사를 들으면 '아니 그걸 왜 물어보나? 다 큰 성인이고 밥은 알아서 먹을 텐데.'라고 생각하며 약간 귀찮은 듯 형식적으로 인사를 받았다. 그런데 점점 강의가 많아지면서 어느 날은 아침, 점심, 저녁을 다 다

른 곳에서 강의하게 되었고, 정말 밥도 제대로 못 먹고 화장실도 못 가 너덜너덜해진 상태에서 겨우 강의장에 시간 맞춰 도착을 했다. 그런데 그때 관리하시는 선생님께서 "선생님, 식사도 못하셨죠. 좀 늦게 해도 되니까 여기서 차 한 잔 하고 조금 쉬었다가 하세요."라고 하면서, 나를 개인 상담실로 안내하고는 녹차와 떡과 초코파이를 주고 밖으로 나가셨다. 정말 필요한 멍석을 깔아 주고 밖으로 나가기까지 하니, 그날뿐만 아니라 힘들게 살아온 그 당시의 고생을 다 알아주는 것 같아서 눈물이 날 만큼 감사했다. 젊은 나이에 강의를 하러 다녀서 항상 사람들에게 똑똑하고 철두철미한 모습을 보이려 애써 왔고, 그것이 친밀함이나 따뜻함과는 점점 멀어지게 하고 있었는데, 10분의 시간으로 다 녹아내린 느낌이었다.

요즘 세상에 대부분의 사람, 대부분의 아이는 밥을 잘 먹고 다닌

다. 그리고 밥을 잘 먹고 다니는 사람에게 "식사는 하셨어요?"라고 물어보는 것은 별다른 감흥을 주지 못한다. 그러나 어떤 이유에서 건 밥을 제대로 먹지 못한다는 것은 정말 힘든 삶을 살고 있는 것 이고(시간이 없다면 정신적으로, 돈이 없다면 육체적으로), 이들에게 누군가 식사 인사를 하는 것은 그동안의 고통에 대한 위로이자, 더 나은 삶을 위한 용기를 전해 줄 수 있다. 친구들과 즐겁게 노느라 고 한 끼를 안 먹은 아이에게는 별다른 영향을 미치지 못하겠지만, 집이 가난해서 한 학기 내내 학교 급식 이외에는 이렇다 할 식사를 하지 못하는 아이가 편하게 밥을 먹을 수 있도록 상담교사가 그 앞 에 앉아 있어 주는 것, 그리고 학교 위클래스에서 눈치 보지 않고 편하게 먹을 수 있는 초코파이 하나는 정말 큰 위안을 줄 수 있다.

🎒 어디 잘 곳은 있니

'어디 잘 곳은 있니?'

이 질문도 마찬가지이다. 강의를 할 때 보통은 숙소를 잡는 것도 하나의 즐거움이다. 여러 가지 숙소 리스트 중에서 하나를 고르는 건 뷔페 식당에서 음식 먹는 것과 비슷한 쾌감을 준다. 그런데 정 말 바쁠 때는 숙소도 제대로 정하지 못하고 갈 때가 있다. 그럴 때

강의를 들은 선생님께서 "오늘은 어디서 주무세요?"라고 물어보면 마치 집을 대신 구해 준 것 같은 감사함이 느껴진다.

　중학생 여자아이가 자기 발로 집에서 나와 새벽에 유흥가를 배회하고 있는데, 쉼터 선생님이 다가가서 "오늘 어디서 자니? 우리 쉼터에서 자지 않을래?"라고 물어본다. 왜 자기 발로 나온 아이에게 공짜로 숙박을 제공해야 하는가? 편안한 자기 집 놔두고 잠을 밖에서 자고 싶은 사람은 이 세상에 없다. 중학생이 잠을 자야 할 새벽에 밖에 나와서 돌아다니고 있다는 것은 밖이 좋은 게 아니라 집이 싫다는 말이다. 신체적으로 편안하게 잘 수 있는 집을 포기하고, 어떤 나쁜 사람들을 만날지 모르는 위협을 무릅써야 할 만큼 심리적으로 집에 대한 거부감이 커졌을 가능성이 높고, 이러한 이유는 대부분 부모가 학대 또는 방임하기 때문이다. 이러한 상황에서 위협의 가능성이 없는 편안한 잠자리를 제공하는 것만으로도

출처: 서울YMCA 홈페이지.

상당한 위험을 예방할 수 있다.

🎒 출소자의 재범률을 줄이는 방법

혼한 영화 스토리를 하나 말해 보겠다. 주인공이 교도소에서 출소하면서 영화가 시작된다. 주인공은 앞으로는 성실하게 살겠다고 다짐하며 나온다. 새로운 마음으로 집에 가지만 늙은 어머니는 기다리고 있었다는 듯이 비난을 한다.

"네가 여길 어디라고 기어들어 와. 난 너 같은 아들 둔 적 없어. 나가!"

주인공은 어머니에게 말 한마디 못하고 조용히 집을 나온다. 나같아도 나 같은 아들에게 똑같이 행동할 테니까라는 마음으로. 다음 장면은 공장이다. 주인공이 공장으로 들어가는 장면이 나오고 곧바로 터덜터덜 걸어 나오는 장면이 이어지면서 공장 간부 직원의 내레이션이 들린다.

"당신 안 되는 줄 알잖아요. 미안한데 방금 출소한 사람은 고용할 수가 없어요. 다른 데 가 보세요."

주인공은 여기서도 화를 내지 않는다. 나 같아도 나 같은 사람을 고용하지 않을 테니까.

어디 갈 곳도 없고 해서 집으로 오던 길에 집 근처 오래된 동네 마트에 들러 담배를 주문한다. 그런데 마침 주인이 기분 나쁜 전화를 받고 있었다.

"(전화 상대에게) 야, 인마. 너 그렇게 하는 거 아냐! (주인공에게) 나 지금 담배 팔 상황 아니니까 다른 데 가 보슈. (다시 전화 상대에게) 야, 이 새끼야!"

여기서 영화가 비극이 되려면, 주인공이 갑자기 매대에 있던 칼의 포장을 벗겨서 마트 주인을 찌른다. 그리고 또다시 교도소에 들어간다. 왜 주인공은 자기를 비난했던 어머니와 자기를 고용하지 않은 공장 직원을 놔두고(큰 스트레스를 준 사람들을 놔두고) 마트 주인에게(작은 스트레스를 준 사람에게) 칼을 휘둘렀을까? 어머니나 공장 직원의 비난은 본인도 당연하다고 생각했던 것이어서 이해가 되니 참을 수 있었다. 그러나 참아야 할 것을 참느라고 한계에 달해 있던 상황에서 마트 주인이 한계치를 넘겨 버린 것이다. 과연 마트 주인을 찌르게 한 것은 마트 주인일까?

조금 다른 영화 스토리를 생각해 보자. 출소 이후에 마트에 들어가서 담배를 달라고 한 것까지는 똑같다. 그런데 이번에는 마트 주인이 이렇게 말한다. "아이고, 이게 누구야. 오랜만이네. 어디 갔다 왔어. 많이 바빴나 봐. 자주자주 좀 와~ 그리고 지난주에 우리 손녀딸 돌잔치 했는데 이것도 가져가."라고 하면서 담배에 더하여

기념품까지 챙겨준다면? '그래, 세상은 그래도 살 만한 것 같아.'라고 하면서 다시 정신 차리고 열심히 노력해서 취직하고 연애까지 하는 성공 스토리로 이어진다.

물론 모든 문제가 누군가의 환한 미소 한 번으로 해결되지는 않는다. 그러나 이 환한 미소를 안 보여 주는 것보다는 보여 주는 게 낫고, 한 번보다는 두 번이 더 나으며, 두 번보다는 세 번이 더 좋은 결과를 이끌어 낼 수 있다. 주변 사람들과 큰 문제 없이 잘 지내는 사람들에게는 마트 직원의 미소가 아무런 의미 없는 정보일 수 있으나, 편하게 인사 나눌 사람이 한 명도 없는 누군가에게는, 돈을 내고 물건을 사야만 받을 수 있는 마트 직원의 일상적인 미소가 삶을 지탱하는 유일한 이유가 될 수도 있다.

그리고 우리가 이 책에서 상대하려는 아이들은 대부분, 친구들뿐 아니라 가족들조차도 편하게 대해 주지 않는 그 누군가이다.

🎒 추락할 때는 일단 끊어야 한다

주식을 하다가 가격이 떨어지면, 소위 손절이라는 것을 한다. 더 떨어지기 전에 팔아서 더 큰 손해를 방지하기 위함이다. 물론 어디가 바닥인지 일반인이 확신하기는 힘들지만 계속 떨어지고 있으면 일단은 팔아서 더 이상의 하락을 방지하고 싶은 생각이 드는 것은 당연하다. 도미노를 잘 만들고 있었는데 완성하기 전에 어딘가에서 하나가 넘어져서 줄줄이 넘어지면 어떻게 해야 하는가? 넘어지게 될 부분으로 미리 가서 먼저 넘어트려야 더 큰 손해를 방지할수 있다. 좀 더 심각한 산불이 날 때도 마찬가지이다. 큰 불이 나서 점점 확산되고 있을 때 확산되는 방향으로 먼저 가서 작은 불을 내서 미리 태워 버리면 산불이 더 크게 확산되는 것을 막을 수 있다. 이렇게 추락을 하고 있을 때는(문제가 확산되고 있을 때는) 무리하게 바로 상승 반전을 시키려고 하기보다는 일단 하락을 멈추는 데 모

든 노력을 기울여야 한다. 그리고 그 상태에서 더 이상 하락하지 않는다는 확신이 들 정도로 시간이 지나야 다시 조금씩 상승할 수 있는 여지를 마련할 수 있다.

🎒 사람은 모두 착하다

고대 중국 사상가 중 맹자는 성선설을, 순자는 성악설을 설파했다. 단순하게 말하면 성선설은 인간은 원래 착하니 법을 만들어서 굳이 규제할 필요가 없다는 말이고, 반대로 성악설은 인간은 원래 악하니 법을 만들어서 규제를 해야 이 사회를 유지할 수 있다는 말이다. 어디에 동의하는가?

▲ 맹자(BC. 372?~BC. 289?)   ▲ 순자(BC. 298?~BC. 238?)

철학적인 수준까지는 잘 모르겠으나, 상담을 하면 할수록 성선설이 맞다는 것을 확신하게 된다. 학교에서 싸움을 많이 하는 아이들과 상담을 할 때, 나는 아이에게 싸우지 말라는 말을 하지 않는다. 아이가 먼저 꺼내지 않으면, 싸움과 관련된 단어조차 언급하지 않는다. 그래도 부모교육을 통해서 가정 환경을 편하게 하면 싸움은 자연스럽게 줄어든다. 스마트폰이나 게임에 중독되었다며 데려온 아이들도 마찬가지이다. 오히려 나는 스마트폰을 함께 보고 게임을 같이한다. 그런데 희한하게도 3~4회 정도 상담이 지난 다음에는 "폰 게임 할래? 아니면 선생님하고 보드게임 한번 해 볼까?"라고 물어보면 보드게임을 한다고 한다. 상담 시간에 굳이 게임을 해야 할 필요가 없는 것이다.

싸움은 마음이 불편할 때 하는 행동이다. 화가 많이 나고, 그 화를 표현할 수 있는 능력이 있으면 공격 행동을 한다. 그런데 화라는 강한 부정적 감정은 긍정적 감정과 동시에 나타날 수가 없다. 그래서 인생에서의 즐거움과 편안함이 증가하면 화라는 감정은 줄어들 수밖에 없고(들어설 자리가 없고), 그 결과인 공격 행동도 당연히 감소하게 된다. 인생에 찌들어 살고 있을 때, 길을 가다가 누군가와 어깨가 부딪히면 입에서 욕이 나오기 쉽지만, 여행을 가서 그리스 산토리니 골목을 거닐 때는 누군가와 어깨를 부딪히고 심지어 커피를 옷에 쏟아도 진심으로 쿨하게 웃으면서 "I am OK."라고 말할 수 있다.

게임도 마찬가지이다. 적당히 게임을 하는 것은 즐거움을 위해서 하는 것이지만, 피시방에 처박혀서 죽을 정도로 게임을 하는 아이들은 어떤 상황에 있는 것일까? 게임에 미쳐서 환장한 것일까? 그렇지 않다. 게임이 아무리 즐거워도 3~4시간 정신없이 하고 나면 슬슬 허리도 아프고 배도 고프다. 그러면 사무직으로 일하는 사람들이 중간에 스트레칭을 하는 것과 마찬가지로, 오랜 회의를 끝낸 사람들이 기다렸다는 듯이 회의장을 빠져나가 옥상으로 달려가서 기지개를 켜고 커피를 뽑아 들듯이, 잠시 게임을 중단하고 밖에도 나갔다 오고 소파에도 한번 눕고 TV 보면서 라면을 먹으며 휴식을 취하게 된다. 게임을 싫어하는 어른들은 동의하기 어렵겠지만 이렇게 편하게 휴식을 취한 아이들은 게임하다 죽지는 않는다. 아니 죽을 정도로 게임을 하지는 않는다. 오히려 인생의 활력소를 얻어 적당히 게임을 하고 본업으로 복귀하여 즐거운 삶을 살아갈 가능성이 더 높다.

부모가 강압적으로 게임을 못하게 하는 아이들은 언제 다시 게임을 못하게 될지 모르기 때문에 게임을 할 수 있을 때 죽어라고 게임을 지속할 수밖에 없다. 1950~1960년대 먹고살기 힘들던 시절에는 가끔 동네 잔치가 있을 때만 고기를 먹었는데, 이때 그동안 못 먹은 것을 한꺼번에 다 먹으려고 무리하곤 했다. 그런데 무리해서 먹으면 결국 설사를 해서 바로 다 내보내게 된다. 무리하면 탈이 난다는 말이다. 좀 더 복잡한 이야기지만 게임이 좋은 게 아니라 달리 할 게 없어서 게임에 억지로 빠져 사는 경우도 마찬가지이다. 게임을 할 때는 그나마 존재감이 느껴지지만 게임 이외의 상황에서는 그렇지 않기 때문에 존재감을 주는 게임의 세계에서 잠시도 빠져나오지 못하게 되어 잠시도 쉴 시간을 갖지 못하고 게임에 목숨을 맡기는 상황에 이른다.

사람은 원래 착하다. 현자들이 착함(선)을 중요하게 여겼던 이유는 착해야 인간의 생존 가능성이 높아지기 때문이다. 착함은 도덕성을 대표하는 행동이고, 도덕은 인간 집단을 유지하기 위해 필요한 관습과 규칙을 말한다. 그렇다면 정말 착한 사람, 즉 사회의 관습과 규범을 잘 지키는 사람이 주변 사람들의 인정을 받으면서 행복한 삶을 살게 되는가?

반대의 예를 통해서 설명해 보겠다. 요즘은 그런 풍경이 사라졌지만, 이전에는 영화표를 사기 위해 엄청나게 긴 줄을 서서 예매를 했다. 이런 상황에서 힘이 약한 사람은 당연히 줄을 서서 부지런함으로 우위를 점할 수 있는 기회를 가지는 것이 이득이다. 그런데 힘이 센 사람은 그냥 남들을 무시하고 제일 앞으로 가서 표를 사 버리면 되지 않을까? 그렇다면 착한 것이, 즉 규칙을 잘 지켜서 줄을 선 것이 손해가 아닌가? 물론 힘센 사람이 영화를 한 번만 볼 거라면, 힘센 사람이 모든 것을 가져가는 것이니 성악설이 맞다고 볼 수 있다. 그러나 다음 영화를 또 봐야 한다면 이것은 통하지 않는 전략이다. 약한 사람들이 뭉쳐서 저항할 것이고, 그러면 영화 한 편을 보기 위해서 더 많은 에너지를 써야 하기 때문에 고통이 증가하여 영화를 먼저 보는 즐거움을 압도하게 된다.

사람은 모두 착하다. 애매한 도덕적 착함을 말하기보다는 인간은 누구나 자기 몸과 마음이 편하길 원한다는 뜻이다. 세상 어느 누구도 남을 괴롭히는 일을 해 놓고 마음이 편할 수가 없고, 마음이 편할 수 없다면 마음과 연결된 몸도 편할 수가 없다. 영화에서 악당이 착한 사람을 잡아 놓고 '으하하하'라고 웃을 때, 마음이 정말 편해 보이는가? 그 웃음은 상대를 압도하기 위한 기술일 뿐이고, '내가 이번에 확실히 이겨 났으니 당분간은 날 괴롭힐 사람이 없어서 안심이다.'라는 일시적인 안도감의 표현일 뿐이다. 이들은 항상 모든 세상을 경계하면서 잠을 잘 때도 칼을 품고 잔다. 아직도 그 웃음이 행복해 보이는가?

소위 나쁜 행동, 즉 남을 괴롭히거나 자신에게 도움이 되지 않는 행동은 마음이 불편할 때 한다. 평소에는 규칙을 잘 지키다가도 화가 나면 '에잇, 이 더러운 세상'이라고 욕을 하면서 가끔 한 번씩 자신의 도덕성 위반을 허용하게 된다. 그리고 나면 또 죄책감과 불안감이 들어서 착한 행동을 다시 하게 되는 것이 보통 사람들이 도덕성을 유지하는 방식이다. 그런데 나쁜 행동으로 벗어났다가 스스로 착한 행동으로 돌아오지 못하는 아이들이 있다. 이들을 도와줄 수 있는 방법은 나쁜 행동을 멈추라고 강요하는 게 아니라(성악설), 착한 행동을 스스로 할 수 있도록 마음이 편안한 환경을 마련해 주는 것이다(성선설).

02

회피성 성격 문제에
대한 이해

이 책의 제목은 등교거부이지만, 주제는 회피성 성격 문제에 대한 대처이다. 학령기 특히 중·고등학교 때 등교를 하지 않는 것을 '등교거부'라고 하고, 그것이 성인기까지 확장되어 나타나면 '은둔형 외톨이'라고 한다. 그리고 공식화된 매뉴얼로서 이러한 증상을 설명할 수 있는 『정신질환의 진단 및 통계 편람(DSM-5)』의 장애는 '회피성 성격장애'이다. 따라서 이 세 가지 문제를 모두 회피성 성격 문제로 정의하고 그에 대한 대처 방법을 설명하려고 한다.

등교거부

등교거부의 대표적인 연구자인 Kearney(Kearney & Silverman, 1996)에 따르면, 등교거부는 학생 스스로 등교를 거부하거나, 하루 종일 교실에 있기 어려워하는 것이 특징이며, 다음과 같은 행동을 보인다.

5~17세 학생이 다음 중 한 가지 이상의 특징을 보이면서 점차 증상이 심각해짐

• 아침에 심각한 문제행동을 보이고 난 후 등교하기(예: 불끈 화내기, 매

달리기, 공격 행동, 달아나기, 움직이지 않기, 꾸물거리기 등)
- 앞으로는 출석하지 않아도 좋다는 답변을 부모나 다른 사람들에게 강압적으로 요구한 후 등교하기
- 등교는 하되 하루 중 어느 시기에 학교를 떠나기(예: 수업 빠지기)
- 학교를 완전히 결석하기

출처: 임은미 외 공역(2013).

대부분은 전날 밤이나 아침에 등교하기 힘들어하는 모습을 보이면서 등교를 하다가, 점차 조퇴를 많이 하게 되고, 결국은 등교를 거부하는 상태에 이르게 되는데, 이 과정은 몇 개월에 걸쳐서 진행된다. 중요한 것은 전날 밤이나 아침에 등교하기 힘들어하면 이미 '등교거부' 상태로 보고 개입을 해야 한다는 것이다.

🎒 은둔형 외톨이

은둔형 외톨이는 사이토 다마키(2012)라는 일본 학자가 명명한 개념으로, '(집에 틀어박혀) 사회참여(취학이나 취업 상태, 가족 외에 친밀한 대인관계가 있는 상태)를 하지 않는 상태가 6개월 이상 지속되고, 정신장애를 그 원인으로 생각하기 어려운 경우'라고 정의하

고 있다. 등교거부의 확장판으로 성인까지 포함하는 것인데, 단순하게 고등학교를 졸업한 성인이 집에서 나가지 않으면 이에 해당한다고 보면 된다.

회피성 성격장애

현존하는 정신장애를 대부분 정리해 놓은 DSM-5에 있는 '회피성 성격장애'가 등교거부와 은둔형 외톨이를 설명할 수 있는 정신의학적 진단명이다. 주요 진단기준을 살펴보면 다음과 같다.

DSM-5 회피성 성격장애 주요 진단기준

- 사회관계의 억제, 부적절감, 부정적 평가에 대한 예민함
- 비판이나 거절, 인정받지 못함 등 때문에 의미 있는 대인 접촉이 관련된 직업적 활동을 회피함
- 자신을 좋아한다는 확신 없이는 사람들과 관계하는 것을 피함
- 수치를 당하거나 놀림받음에 대한 두려움 때문에 친근한 대인관계 이내로 자신을 제한함
- 사회적 상황에서 비판의 대상이 되거나 거절되는 것에 대해 집착함
- 부적절감으로 인해 새로운 대인관계 상황에서 제한됨

- 자신을 사회적으로 부적절하게, 개인적으로 매력이 없는, 다른 사람에 비해 열등한 사람으로 바라봄
- 당황스러움이 드러날까 염려하여 새로운 일에 관여하는 것, 혹은 개인적인 위험을 감수하는 것을 하지 못함

회피성 성격장애의 핵심은 부정적 평가를 피하는 것인데, 부정적 평가를 피하는 이유는 능력에 비해 너무 완벽하고 이상적인 수준의 유능감을 추구하기 때문이다. 보통 사람들은 칭찬 60, 비난 40이 예상되면 그냥 사람들을 만나는데, 이들은 칭찬만 100을 받으려고 하고, 비난은 0을 넘기지 않으려고 하니, 갈 수 있는 곳이 아무 데도 없고, 자기 방에만 하루 종일 있어야 하는 것이다.

🎒 회피성 성격의 심리

학업수행이나 비행 등의 뚜렷한 목적을 가지지 않고 학교나 직장을 가지 않으면서 집에만 있는 아동·청소년 및 성인들은 부정적 평가에 대한 두려움이 크다. 그리고 그 두려움의 기저에는 유아기적인 수준의 자기애가 있는 경우가 많다. 다시 말하면 자존심은 강하지만, 자신감은 매우 부족한 상태인데, 이러한 양상이 문제가

되지 않는 나이는 보통 네 살까지이다. 이들은 심리적으로 4세 수준의 상태에 있는 것이다. 그래서 나는 상담 중에도 종종 '네 살짜리 열네 살', '네 살짜리 스물네 살'이라는 표현을 사용한다.

이렇게 유아기적인 자기애에서 벗어나지 못하는 이유는 부모와의 역기능적인 상호작용이 큰 역할을 한다. 아동기에 아이가 조숙해서 부모에게 적절한 의존을 하지 못했거나, 부모가 아이에게 피상적인 수준의 관심을 보이고 아이의 억압된 행동을 당연시하며 컸을 수 있다. 어떤 경우이건 간에 억압은 불만이 되고, 불만이 쌓이면 분노가 된다. 그런데 회피성 성격인 사람들은 분노를 외적인 행동(비행 행동 같은)으로 풀지 못하고 내면화하여 자기를 고립시킨다.

아동기의 화는 대부분 부모와의 관계를 통해 형성된다. 부모는 적당히 훈육을 했으나 아이가 약할 수도 있고, 아이는 힘이 적당히 있지만 부모가 너무 강압적인 훈육을 했을 수도 있다. 대부분은 이 두 가지가 섞여 있다. 그러나 어떤 경우이건 간에, 성장기에 아이가 감당할 수 있는 수준보다 더 강제적이고 억압적인 양육이 이루어진 것이다. 등교거부 아이들을 보면, 형제들은 멀쩡히 학교도 잘다니고 독립적인 생활을 하는데 아이 혼자만 문제가 되는 경우가 있다. 부모들도 억울해한다. 자신은 똑같이 대했는데 왜 이 아이만 이렇게 되냐면서 자신은 잘못이 없고, 아이가 뭔가 잘못된 것이며, 아이만 상담에 보내면 해결될 것이라 기대한다.

 그러나 아이만 보내서 해결할 수 있는 사안도 아니고, 자기 방에서 거실까지 나오는 것조차 힘들어하는 아이가 상담센터에 오길 기대하는 것은 비현실적이다. 아이가 약했건 부모가 강했건 내 아이의 눈높이에 맞는 양육환경을 제공하지 못한 것이다. 지금까지는 모를 수 있었지만, 이제부터는 알아야 한다. 대부분의 부모는 아이가 뭔가 부족하다는 인식을 하고 나름대로의 노력을 하고 온다. 그러나 그 노력이 효과를 보지 못하는 이유는 부모가 생각하는 것보다 아이가 한참 더 아래에 있기 때문이다. 부모는 '아이가 조금 이러다 정신차리겠지.'라는 막연한 기대를 하지만, 이미 아이는 천길 낭떠러지로 추락한 지 오래이다.

 우선은 부모가 아이가 있는 곳까지 한참을 내려가야 한다. 그리고 천천히 같이 올라와야 한다. 4세 수준으로 내려가서 현재 나이인 14세, 24세까지 같이 올라와야 하는 것이다. 다행인 것은 인지적, 신체적 수준에는 큰 문제가 있는 게 아니기 때문에 정서적 성장에만 신경쓰면 된다는 것이다. 그리고 경험상으로는 10년, 20년이 아니라, 짧게는 1~6개월부터 길게는 1~2년의 노력으로 회복이 가능하다.

🎒 그러면 어떻게 해야 하는가

이 정도의 설명을 하면 부모님
들이 수긍을 하고 어떻게 해야 되
냐고 물어본다. 아이를 비난하는
것에서 문제를 해결하는 쪽으로
바뀐 것이다. 영화 〈백두산〉에서
는 백두산이 폭발 직전인데, 위로
폭발하면 환경적으로 재앙이 일
어날 것이기 때문에, 아래로 용암
을 빼기 위해서 폭탄을 터트리는

작전을 수행하기 위한 남북 주인공의 활약을 보여 준다. 우리도 같
은 것을 해야 한다. 그래서 다음과 같이 대답한다.

"이미 화가 많이 난 아이들은 용암이 꽉 찬 화산과 같습니다. 아이들 마음
속의 용암은 나이만큼의 불만이 쌓여서 만들어진 것입니다. 용암이 이미
터지고 있는 화산에서 작은 구멍을 하나 막는 건 소용이 없습니다. 산 아
래 있는 전체 용암의 수준을 낮춰야 합니다. 그래서 아이들의 불만을 줄
이는 것을 첫 번째 목표로 하려고 합니다."

아이에게 가장 큰 불만은 무엇일까? 부모에게 질문하면 다들 고민에 빠지지만 요즘에는 '부모의 잔소리'라고 먼저 말씀하시는 분들이 많다. 그러나 말은 그렇게 하면서도 실제 실천은 잘하지 못한다. 사실 부모의 잔소리만이 아이를 괴롭히는 주범은 아니다. 아이에게 스트레스를 주는 요인을 단순화시키면, 가정 외적인 부분과 가정 내적인 부분으로 나눌 수 있다. 그런데 가정 외적인 부분과 관련된 스트레스를 해소하기 위해서 남들(교사, 친구)에게 변화를 요구하기는 힘들다. 그러나 가정 내적인 스트레스는 얼마든지 줄일 수 있고, 이것을 줄일 수 있다면 아이가 세상에 나올 가능성은 더 높아진다.

그래서 부모에게 "아이를 비난하는 것은 아이를 더 힘들게 하고, 문제행동을 더 심각하게 만듭니다."라고 말하면 부모는 불만 가득한 표정으로 이렇게 말한다.

"집구석에 맨날 처박혀서 게임만 하는 아이에게 공부 좀 하라고 한 게 뭐가 잘못이냐?"
"그럼 부모가 되어서 아이가 저렇게 망가져 가는 걸 그냥 보고만 있어야 한다는 말이냐!"

부모는 비난을 줄여야 한다는 것에 동의하지 못한다. 아니, 자신이 하고 있는 행동이 비난이라는 것에 동의하지 못한다. 그래서 이 부분에서 설명이 필요하다.

"현재 아이는 화가 많이 나 있습니다. 그 이유는 여러 가지일 수 있는데, 중요한 것은 원인이 무엇이든 간에 화를 줄일 수 있는 방법이 있다는 것입니다. 화는 자기 마음대로 되지 않는 것이 많을 때 생깁니다. 가족 외의 남들은 아이를 위해서 변화되기 어렵습니다. 그러나 부모님이 도와주신다면 아이들이 좋아질 수 있습니다. 지금부터라도 해야 할 것을 하신다면 아이는 점점 좋아질 것이고, 지금처럼 행동하시면(비난하거나 무시하시면) 아이는 더욱 나빠질 것입니다."

10년 전에는 이 말을 조심스럽게 했지만, 이제는 확신을 가지고 말한다. 그리고 이 말을 들은 부모님들은 치료 가능한 수준의, 더 수용적인 모습을 보인다.

03

1단계
스트레스 줄이기

🎒 앞으로의 변화는 ……

나는 부모를 대상으로 상담할 때, 다음의 그래프를 그대로 보여 주기보다는 태블릿에 직접 그리면서 설명한다. 이렇게 할 때, 부모가 더 잘 집중하게 된다.

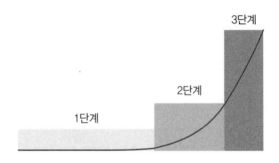

"(우상향 곡선을 그으며) 앞으로 제가 말씀드리는 것을 잘하시면 아이가 이렇게 좋아집니다. 보통 1, 2, 3단계를 거치면서 좋아지고요. 우리가 원하는 행동의 변화는 2단계에서 많이 생깁니다. 여기 잘 보시면 1단계가 가장 길고 변화가 적은데요. 그래도 1단계를 잘 참고 하셔야 2단계가 오고 그래야 아이의 행동이 바뀝니다. 상담은 일반적으로 2단계까지 합니다. 2단계까지 마치면 보통 부모님들이 스스로 어떻게 해야 하는지를 거의 다 파악하게 되고 그러면 그 변화를 그대로 유지하기만 하면 됩니다. 상담이 필요없다는 말입니다. 그래서 2단계가 끝나면 이후에는 상담 간격을 한두 달에 한 번 정도로 늘리면서 점차 종결을 합니다."

"1단계는 아이의 스트레스를 줄이는 것이 가장 중요합니다. 그래야 2단계에서 아이의 긍정행동을 늘릴 수가 있고요. 점차 긍정행동이 유지되고 증가하는 3단계로 발전하게 됩니다."

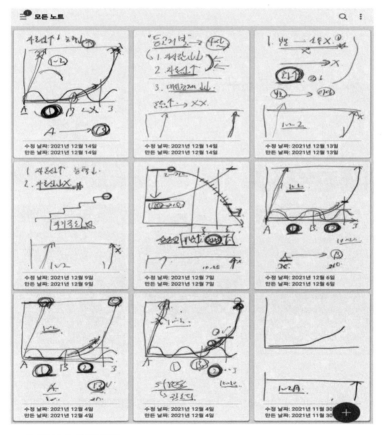

▲ 저자의 실제 태블릿 그림

▲ 1, 2, 3단계 간단 설명

🎒 A 친구 vs. B 친구

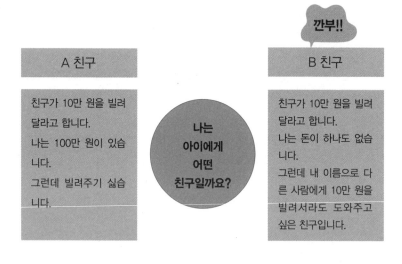

"A라는 친구가 있습니다. A가 10만 원을 빌려달라고 하는데 저한테 100만 원이 있어요. 그런데 빌려주기 싫은 친구입니다. 다들 그런 친구가 있죠.

B라는 또 다른 친구가 있습니다. B가 10만 원을 빌려달라고 하는데 저한 테 돈이 하나도 없습니다. 그런데 제가 제 이름으로 다른 곳에 가서 10만 원을 빌려서라도 도와주고 싶은 친구입니다. 그런 친구도 있을 것입니다. 부모님은 아이에게 어떤 친구라고 생각하십니까?"

대부분의 부모는 대답을 하지 못한다. 눈치 없이 자기는 B 친구 라고 하는 분들도 있지만, 대부분 차마 뭐라 말을 못하고 멍한 상 태가 된다.

A 친구는 알고 지낸 지는 오래되었지만, 눈치가 없다든지, 사람 을 짜증나게 하는 말을 가끔씩 한다든지 해서, 다른 친구들과 있을 때 만나서 시간을 보내기는 괜찮지만, 둘이서만 만나기는 부담스 러운 친구이다. 친구 집단이 형성되어서 그냥 만나는 것일 뿐, 만 나면 오히려 짜증만 난다. 무엇보다 자기가 도움이 필요할 때는 친 구를 찾으면서, 친구들이 도움을 구할 때는 꼭 바쁜 일이 있다면서 빠지는 사람이다. 이런 친구가 도움을 구할 때는 뭔가 모를 인간적 양심 때문에 조금 불편할 뿐, 100만 원이 있어도 빌려주기는 싫다.

B 친구는 사람을 잘 챙긴다. 항상 먼저 전화해 주고, 나의 안부 를 확인하며, 무언가 하자고 했을 때 편안하게 받아 준다. 그래서 말을 하기도 편하고, 같이 있으면 즐겁다. 무엇보다 친구들이 도움 이 필요할 때 민망하지 않게 도움을 주고, 자기에게 힘든 일이 있

을 때도 친구들과 공유하면서 공감을 이끌어 낸다. 이런 친구와는 보통 친구 집단과는 별도로 관계가 형성되어 따로 둘이서만 만나는 일도 많다. 이런 친구가 10만 원이 아니라 100만 원을 빌려달라고 해도, 내가 내 이름으로 대출을 받아서 줘야 하는 상황에서도 돈을 빌려주고 싶어진다.

부모가 처음 아이 문제로 상담에 올 때 거의 모든, 아니 모든 부모는 아이에게 A 친구이다. 물론 의도적으로 그런 것은 아니지만, 친구이긴 한데 돈이 있어도 빌려주기 싫은 친구라는 말이다. 그래서 말을 안 듣는 것이다. 이 닦기, 머리 감기, 아침에 일어나기, 가족과 식사하기, 학교 가기, 공부하기 등의 행동은, 마치 아이들이 게임을 하거나 혼자 밥을 먹는 것과 같이, 지금 당장 할 수 있는 것들이다. 그런데 하지 않는다. 이유는 간단하다. 이 행동을 요구하는 사람이 싫거나, 충분히 좋지 않기 때문이다.

내(부모)가 원하는 것을 남(아이)이 하도록 만드는 것. 그것이 우리가 지금 하려는 것인데, 이것은 정말 어려운 일이다. 직장에서 상사(남)에게 내 월급을 올려 달라고 요구하는 게 얼마나 어려운 일인지는 말하지 않아도 알 것이다. 부모가 흔히 하는 착각이 있다. 학교에 가고 공부하는 것이 아이를 위한 것이라는 생각이다. 물론 장기적으로는 그렇지만, 지금 학교를 가지 않는 아이가 원하는 것은 집에 있는 것이다. 학교에 가고 공부를 하는 것은 지금 아이가 원하는 게 아니다. 아이가 학교에 가는 것은 지금 부모가 원하는 것이다. 결국 아이가 등교하게 하는 것은 부모가 원하는 것을 아이가 하도록 만들어야 하는 상황인 것이다.

직장에서 야유회를 간다고 한다. 난 야유회를 가지 않을 것이다. 내 마음대로 친구 아버님이 돌아가실(?) 예정이기 때문이다. 그런데 나랑 가장 친한 동료가 야유회 진행을 맡았다. 그러고는 나에게 다가와서 야유회에 같이 가서 도와달라고 한다. 어떻게 하겠는가? 이때 야유회 참여 유무는 그 동료와의 친밀감 정도에 비례한다. 별로 친하지 않고 싫기까지 한 동료라면 친구 아버님은 그대로 돌아가실 것이고(아예 야유회를 가지 않을 것이고), 조금 친하다면 야유회는 가겠지만 그냥 인원수만 채우는 정도로 있을 것이며, 많이 친하다면 친구 아버지의 장례식을 취소시키고(?) 야유회에 참여할 것이고, 오히려 솔선수범하여 일을 도맡아 할 것이다.

1단계의 목표는 '깐부(〈오징어게임〉에서 나와 유명해진 단어로 목숨까지 나눌 수 있는 친한 친구를 의미함)가 되는 것', 즉 B 친구가 되는 것이다. 부모가 B 친구가 될 수만 있다면 아이의 변화는 금방 일어난다. 반대로 부모가 B 친구가 되지 않으면, 아이는 바뀌지 않는다. 부모가 좀 더 절실함을 가져야 할 필요가 있다.

1단계-관계 형성(무조건적 사랑)

1. 비난금지
2. 하루 여섯 번의 인사(Six Greetings)
3. 문제행동 무시하기/지시는 한 번만!
4. 관찰하기/아이가 먼저 말하면 듣기만!

▲ 1단계에 대한 설명

🎒 비난의 정의

아이의 불만을 줄이기 위해 집에서 해 줄 것은 아이에 대한 부정적 평가를 하지 않는 것이다. 즉, 비난을 하지 말아야 한다는 말이다. 먼저, 비난의 정의를 내려 보자. 아이가 식사 시간에 소시지를 먹으려고 젓가락이 가고 있었는데, "그거 말고, 여기 콩나물 먹어 봐. 할머니가 키워서 준 걸 엄마가 어제 무친 거야."라고 하면 비난이다. 아이의 순간의 욕구를 무시한 발언이기 때문이다. 그리고 이것이 비난의 최저선이다. 아이가 좋아지길 바란다면 앞으로 이 이상의 비난은 절대 하면 안 된다. 이렇게 설명하면 부모는 너무 황당한 표정을 지으며 말한다.

"그럼 도대체 무슨 말을 하라는 거예요?"

그렇다. 아무 말도 하지 말아야 한다.

"지금부터 1주일 동안(다음번 상담에 올 때까지) 아이에게 아무 말도 하지 마세요. 지금 상태에서는 부모가 말을 하면 모두 비난이 됩니다. 그리고 비난은 아이를 더 나빠지게 만듭니다. 지금은 칭찬 10번 하는 것보다 비난 1번을 안 하는 게 더 중요합니다."

보통 부모는 잔소리 한 번을 하기 위해 칭찬을 열 마디 하는 경우가 있다. 그런데 아이는 이미 부모의 이러한 패턴을 알고 있기 때문에 부모가 오버해서 하는 칭찬 열 마디까지 다 비난으로 들어 부모가 원하는 효과는 나타나지 않는다.

🎒 하루 여섯 번의 인사

그런데 서로 말을 하지 않으면 사이가 멀어진다. 아이와 사이가 멀어지는 것을 방지하기 위해서 해야 할 것은 아이에게 하루에 여섯 번 친절하게 인사를 하는 것이다. 아무 말도 하지 말라고 하면 이미 그렇게 해 봤는데 효과가 없다고 하는 경우가 종종 있다. 그

것은 말소리를 내지는 않았지만 여전히 아이를 부정적으로 보고 있어서, 부모의 표정과 말투에 부정적 태도가 드러나기 때문이다. 아이는 부모가 자신을 어떠한 태도로 대하는지 귀신같이 안다. 부모가 자신의 마음을 온몸을 통해서 표현하기 때문이다.

"하루에 딱 여섯 번만 아이에게 웃으면서 따뜻하게 인사를 해 주세요."

(잘 자라, 잘 잤니?, 잘 다녀와, 수고했다, 밥 먹자, 맛있게 먹었니?)

'잘 자라', '잘 잤니?': 주의할 것은 "잘 자라."라고만 해야지 "잘 자라. 근데 게임 좀 그만해라."와 같이 말이 길어지면 대부분 잔소리가 된다. 억지로 칭찬을 하거나 챙겨 주는 듯한 말을 하게 되는 경우도 있는데, 억지로 한다는 것을 아이도 다 알고 있기 때문에 오히려 부담만 준다. 간단하게 인사만 하면 되고, 그게 아직 어렵다면 차라리 말을 안 하는 게 더 낫다.

(학교를 간다면) '잘 다녀와라', '수고했다' / (아이는 학교를 안 가고 부모가 출근한다면) '엄마(또는 아빠) 다녀올게', '(오늘 하루도) 잘 있었어?': 아이가 학교를 다녀왔을 때 "잘 다녀왔니?"라고 하는 것은 좋은 인사가 되지 못한다. 잘 다녀왔을 리가 없기 때문이다. '수고했다'는 말은 아이가 지금 힘든 일을 해냈다는 것을 인정해 주는 것이다. 아이에게 학교를 가는 것은 당연하고 쉬운 일이 아니다. 보통

은 아이가 집에 있고 부모가 나가는 경우가 많기 때문에 이에 대한 인사도 하는 것이 좋다. 아이가 집구석에 처박혀 있는 것이 꼴보기 싫어도 친절하게 이러한 인사를 할 수 있어야 한다.

'밥 먹었니?' (밥을 먹었다고 하면) '잘했다', '밥 먹자', '맛있게 먹었니?': 상담 초기 단계에서는 부모랑 같이 밥을 먹는 아이들이 거의 없다. 부모의 잔소리가 싫기도 하지만 부모를 볼 면목이 없기 때문이기도 하다. 대부분은 조용히 혼자서 밥 먹고, 부모는 이를 편하게 보장해 주는 것이 좋다. 그러나 아이가 방에 있고, 가족들이 모여서 식사를 하는 게 뻔한 상황에서는 같이 먹자고 한 번쯤 말해 보는 것도 좋다. 물론 대답은 기대하지 않는 것이 좋고, 안 먹는다고 하거나 반응을 보이지 않아도 그냥 두어야 한다. '말해 봐야 소용이 없다', '뭐하러 그런 말을 하느냐' 이런 식의 냉소적인 반응을 보이는 것은 절대 하지 말아야 할 행동이다.

하루에 이 여섯 마디면 충분하다. 그리고 인사는 짧아야 한다. 과도하게 친절할 필요가 없다. 상담의 초반이라면 부모-자식 간에 아직은 서로 그리 친하지도 않은 관계이다. 그리고 부모는 아이와의 관계를 완전히 새로 설정해야 한다. 동호회에 가서 사람을 처음 사귈 때는 천천히 알아가야 한다. 처음부터 너무 많은 것을 요구하면 상대가 부담스러워한다. 지금도 같은 상황이다. 짧은 인사를 웃으면서 하다 보면 조금씩 말이 길어지며 점점 더 관계가 깊어질 것이다.

"하루 여섯 번의 인사를 하는 목적은 아이를 비난하지 않으면서 아이의 마음을 편하게 해 주는 것입니다. 아이가 학교를 가지 않거나, 부모의 말을 듣지 않는다는 것은 어떤 이유에서건 지금 아이가 매우 고통스럽다는 말입니다. 아이를 비난하지 않는 것은 아이의 고통을 줄여 주고 아이가 세상에 맞설 힘을 더해 줍니다. 그리고 비난하지 않는 것을 넘어서서 따뜻하게 대해 주면 긍정적 변화는 더욱 빨라집니다."

📛 부모의 오류

이쯤 되면 대부분의 부모는 조금 더 순응하지만, 아직도 따라오지 못하는 부모들이 있다. "그럼 아이를 포기하라는 거냐?"라고 반박한다. 그럴 때는 문제를 하나 낸다.

"아이가 밤 12시에 들어와서 아버지가 '야! 이 새끼야! 네가 학생이냐! 그런 꼬라지를 하고 이렇게 늦게까지 싸돌아다녀! 집안 잘 돌아간다. 너 이 새끼. 한 번만 더 늦으면 너 죽고 나 죽는 거야!'라고 했습니다. 다음날 아이는 어떻게 할 가능성이 가장 높을까요? 1번 더 빨리 들어온다, 2번 더 늦게 들어온다, 3번 비슷하게 들어온다."

정답은 2번이다. 아주 간단한 행동주의 원리에 따르면, 강화는 행동을 증가시키고, 처벌은 행동을 감소시킨다. 이와 같이 말하는 아버지는 '늦은 귀가'에 대해 비난(처벌)을 한 것이어서, 이것이 통했다면 '늦은 귀가'라는 행위가 줄어들어야 한다. 즉, 일찍 귀가해야 한다. 그런데 아이는 집에 들어왔을 때 비난을 들었기 때문에, 아이의 입장에서는 부모의 비난이 '집에 들어온 것'에 대한 처벌이 된다. 결국 부모의 비난은 아이가 '집에 들어오는 것'의 빈도를 낮춘다. 아이는 집에 들어갔을 때 아버지에게 욕을 먹었기 때문에, 다음날도 또 집에 들어가면 욕을 먹을 것이라고 예상하게 되고, 욕을 먹는 것은 누구나 싫어하기 때문에 자기도 모르게 편의점 앞에서 할 일도 없으면서 친구들과 배회를 하게 되는 것이다.

🎒 조용한 관심으로의 변화

"아이를 포기하라는 것이 아닙니다. 부모와 치료자의 목표는 똑같습니다. 그러나 가는 방법이 다를 뿐입니다. 치료자의 방법에 동의한다면 포기하지 말고 '조용한 관심'을 쏟아야 합니다. 이것은 매우 적극적인 노력입니다."

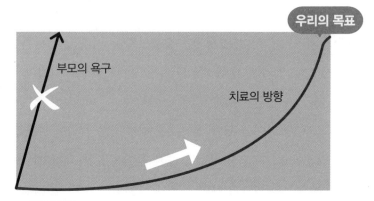

▲ 치료의 목표

길을 가다 넘어지는 경험을 한 번씩은 해 봤을 것이다. 길을 가던 모르는 주변 사람들이 어떻게 해 주길 원하는가? 나라면 아무 일도 없었던 듯이 조용히 지나가 주길 바랄 것이다. 이 나이에 넘어진 것도 매우 부끄러운 일이고, 다들 봤겠지만 그냥 안 본 것처럼 지나가서 빨리 잊어 주길 원할 것이다. 오히려 누군가 다가와서 괜찮냐고 물어보는 게 더 부끄럽다. 혹시 큰일일 수도 있으니 잠시 조용히 봐주기만 하면, 나는 언제 넘어졌냐는 듯이 벌떡 일어나서 아까 넘어졌던 곳에 있던 사람들이 없는 곳으로 빨리 이동할 것이고, 그들이 없는 곳에 이르러서야 비로소 마음이 편해질 것이다. 그리고 주변에 있던 사람들도 내가 일어나서 가는 모습을 보고는 별일 아니라며 지나갈 것이고, 하루쯤 지나면 내가 바라는 대로 다 잊을 것이다.

　누구나 한 번쯤은 그럴 수 있듯이 길을 가다가 넘어진 것이라는 점에서 우리 아이들은 지금 이와 비슷한 상태이다. 단지 차이점이 있다면, 다 큰 놈이 환한 대낮에 혼자 넘어져서 너무 민망한데, 혼자 일어날 힘이 부족하고, 어떻게 일어나야 할지 방법을 모르는 것이다. 이러한 상황에서 화려한 도움은 오히려 독이 된다. 아이의 자존감을 낮추어 더욱 도움을 거부하고 피하게 만든다. 그래서 조용한 관심을 주어야 한다.

　조용한 관심은 아이의 기본적인 욕구를 채워 주는 것이다. 기본적인 욕구는 먹고, 자고, 싸는 것을 말한다. 먹고, 자고, 싸는 것을 편하게 할 수 있도록 해야 한다는 말이다. 등교거부 아이가 밥을 방에서 혼자 먹고 나서 치우지도 않는다. 그러니 아이 방이 점점 난장판이 되어 간다. 그런데 왜 이렇게 될까? 아이는 부모랑 마주치는 것도 힘들어하는데, 6시에 퇴근한 아버지가 12시까지 거실에서 TV를 보고 있다. 그러면 아이는 화장실도 못 가게 되고 심지어 페트병에 오줌을 싸는 사태가 발생한다. 이러한 상황에서 부모는 아이를 욕한다. 방이 지저분하고 페트병에 오줌을 싸는 이상한 행동을 한다면서 정신병자 취급을 한다. 아버지가 퇴근 후에 거실에서 뉴스 1시간 정도만 보고 안방으로 들어가면 해결될 일이다. 아이가 편하게 먹고, 편하게 쌀 수 있도록, 인간의 기본권을 편하게 지킬 수 있도록 해 주어야 한다.

그런데 이렇게 설명하면 거실에서 들어가면서 큰 소리로 "아이고, 내가 들어가야 애가 나온다니 들어가야지 뭐!"라고 티를 내는 아버지들이 꼭 있다. 아무 말 없이 행동해야 한다. 길에서 넘어진 사람이 민망하지 않게, 그러면서도 큰일이 생기면 도와줄 수 있는 거리에서 조용한 관심을 주어야 하는 것이다.

아이가 밥을 먹고 있는데, "밥은 잘도 먹는구만. 넌 그게 입으로 들어가냐!"라고 말하거나 한심한 표정으로 쳐다보기, 좋은 말씀 듣게 한다면서 절이나 교회에 데려가기, 버릇을 고쳐야 한다면서 용돈 끊기 등의 행동은 모두 아이의 스트레스를 증가시킨다. 아이의 의지에 반하는 행동이기 때문에 아이의 통제권을 빼앗아서 아이를 수동적으로 만들고, 삶의 의지가 더 떨어지게 된다.

조용한 관심을 주는 방법은 〈TV 동물농장〉이라는 프로그램에서 자주 볼 수 있다. 앞발을 크게 다친 강아지가 산에 있다가 저녁마다 인가에 내려와 음식을 뒤지고 올라간다는 제보를 받는다. 이때 제작진과 동물 전문가들이 산에 바로 올라가서 "댕댕이야. 난 너를 도와주는 착한 사람이야. 그러니까 이리로 와. 내가 도와줄게." 이렇게 소리치면서 찾으면 강아지가 알아서 도움을 받으러 올까? 이렇게 시끄러운 관심은 공격이고 위협이다. 사람이든 동물이든 상처를 입으면 외부 대상을 경계하게 마련이다. 그런데 보통 부모는 본인이 의도한 것은 아니지만 이렇게 시끄럽게 도움을 주려고 하는 경우가 많다. 상담을 받고 나서도 상담에서 들은 내용을 아이에게 바로 말하는 경우가 있는데, 절대 권하고 싶지 않다.

먼저, 관찰 카메라를 설치하고 강아지가 자주 내려오는 시간과 지점을 찾아낸다. 그리고 그 장소에 음식을 갖다 놓고 관찰한다. 강아지는 조심조심 음식 주변을 탐색하다가 급하게 들어가서 먹고 바로 나온다. 이렇게 몇 차례 하고 나서야 그곳을 신뢰하게 되고, 강아지가 편하게 음식을 먹을 때쯤 우리의 문을 닫아서 잡는다. 강아지가 처음에는 당황하여 난리를 치지만, 이내 진정하고 구조를 받아들인다. 그동안 음식을 먹으면서 익숙해진 냄새를 풍기는 사람이 자신을 도우러 왔기 때문이다. 우리는 이것과 똑같은 과정을 하려고 한다. 단지 강아지가 아닌 인간이기에 조금 더 복잡할 뿐이다.

🎒 문제행동에 대한 대처

자신의 행동을 정상으로 인식하고 있는 아이는 없다. 단지 화가 나고 민망해서 다른 사람들에게 솔직하게 말하기 어려울 뿐이다. 문제행동에 직면했을 때 딴짓을 하거나 화를 내는 아이들은 마음속으로 자신에 대한 부적절감이 있는 것으로 봐야 한다. 문제의식이 있을 경우, 문제를 없애는 방법은 문제를 무시하는 것이다(부적 처벌). 그런데 등교거부 상태에서는 부모가 기본적으로 아이를 문제가 있는 것으로 보게 되니 말을 조금이라도 하게 되면 비난조로 하게 된다.

그래서 말을 아예 하지 말라고 하는 것이다. 다만, 그래도 해야 할 말이 있다면 그 말은 하루에 한 번만 하자. 그것도 친절하게. 절대 다시 확인하면 안 된다. 한 번 말하는 것은 알람이지만, 두 번째부터는 잔소리가 된다. 계속 말하지만 잔소리는 아이를 더 나빠지게 만든다.

직장 상사가 화를 내면 어떻게 하는가? 상사가 화를 내든 칭찬을 하든 우리는 그냥 수긍하는 표정으로 듣고 있다. 상사는 우리보다 힘이 세고, 우리의 말을 들을 생각이 없다는 것을 알기 때문이다. 그러나 대부분은 말을 잘 듣고 있으면 상사도 점차 조용해지면서 이성을 찾고, "아까 내가 좀 심했지. 미안해. 앞으로 잘해 보자."라고 말하면서 아름답게 마무리된다.

자기가 하고 싶은 말은 많으면서, 어른들의 말을 들을 생각이 없

다는 면에서 지금 아이의 상태도 상사와 비슷하다. 따라서 아이의 말을 잘 들어주면 아이도 점차 이성을 찾아간다. 부모가 '아무 말 안 하기', '하루 여섯 번 인사하기', '지시는 한 번만 하기' 등 세 가지를 잘 지키면 이제 아이가 부모에게 말을 먼저 하는 경우가 많아진다. 그런데 부모가 미리 조심하지 않으면 아이에 대한 불신을 드러내면서 아이를 무시하거나 아이의 의욕을 확 꺾어 버리기 쉽다. 아이가 좋아하는 유튜브 먹방에서 본 걸 먹겠다고 하면 "아휴……. 넌 하루 종일 그런 것(유튜브)만 보니?"라고 말해서 아이가 좋아하는 활동을 무시하고, 아이가 미용 학원에 가겠다고 하면 "근데 학원이나 제대로 다닐 수 있겠니?"라고 말해서 아이의 의욕을 확 꺾어 버린다.

무엇보다 1단계 끝에 나오는 아이의 말들은 무엇을 하겠다는 의지의 표현이기도 하지만, 부모와 친해져서 좋다는 뜻이면서, 앞으로 더 친해지고 싶다는 관계적인 의미가 더 강하다. 따라서 이때는 아이가 무슨 말을 하든 그냥 듣기만 해야 한다. "아 그렇구나.", "좋았겠다.", "힘들었겠다."라고 하면서 공감적인 말만 짧게 하고 그저 들으면 된다. 말을 안 하던 아이가 말을 하니까 부모는 이제 아이가 좋아졌다고 생각해서 방심하고 그동안 참았던 말을 쏟아내기 쉽다. 그러나 아직은 그럴 때가 아니다.

첫 상담에서는

비난금지(아무 말 안 하기)

하루 여섯 번 인사하기

지시는 한 번만 하기

아이가 먼저 말하면 듣기만 하기

이 네 가지 지침을 설명하면서 다음 페이지에 제시한 것과 같은 안내문을 부모에게 인쇄물로 나눠 준다.

그리고 "이 네 가지 행동은 부모님께 드리는 숙제입니다. 다음에 오시면 숙제를 100점 만점에 몇 점 정도로 수행하셨는지 묻고 시작할 것입니다. 20점이 될 수도, 80점이 될 수도 있습니다. 그리고 부족한 부분을 어떻게 채울 수 있는지 같이 찾아볼 것입니다."라고 안내를 한다.

대부분 숙제만으로도 힘들어하고 답답해한다. 그러나 숙제를 잘 해오는 부모는 금방 좋은 결과를 볼 수 있다. 숙제를 잘하지 못하는 부모도 대부분 20~30점은 해 온다. 이전보다는 조금이라도 더 잔소리를 줄였다는 말이다. 조금이라도 줄어들면 아이들은 좋아진다. 그리고 그 힘으로 상담을 지속하게 된다.

하루 여섯 번의 인사 안내문

1. 이유가 무엇이든 아이는 지금 힘든 상태입니다.
2. 스트레스가 줄어들면 바람직한 행동을 할 수 있습니다.
3. 우리는 지금 내(부모)가 원하는 것을 남(아이)이 하도록 만들기를 원합니다.
4. 내(부모)로 인해 남(아이)이 즐거울 때, 남이 내가 원하는 행동을 할 가능성이 증가합니다.
5. 아이의 스트레스를 줄이기 위해서는 **잔소리를 하지 않는 것이 가장 중요합니다.**
6. 기존의 규칙을 잠시 내려놓고 당분간 아이의 마음을 편안하게 하는 데 초점을 맞춰야 합니다.
7. 그러면서 **하루 여섯 번 친절하게 인사를 해 주세요**(잘 자라, 잘 잤니?, 잘 다녀와, 수고했다, 밥 먹자, 맛있게 먹었니?).
8. **규칙을 말해야 할 때는 하루에 한 번만 말하세요.** 두 번 이상 하면 잔소리가 됩니다.
9. **아이가 먼저 말할 때는 그냥 듣기만 하세요.** "아 그렇구나.", "좋았겠다.", "속상했겠다." 정도의 반응만 하면 됩니다.

🎒 비난을 줄이고 해야 할 것

말과 표정으로 비난을 줄이고 조용한 관심을 주면서 관찰해야 할 것이 있다. 아이가 정말 하루 종일 방에 있는지, 정말 하루 종일 컴퓨터만 하는지, 정말 하루 종일 스마트폰만 쳐다보고 있는지 등을 관찰해야 한다. 정말 하루 종일 컴퓨터만 하는 아이는 없다. 단지 그 시간이 길어서 중간에 다른 행동을 하는 경우를 관찰하기 어려울 뿐이다. 그러나 조용히 관심을 가지고 지켜보면 컴퓨터를 멈추고 방에서 나와 세수도 하고, 라면도 끓여 먹고, 소파에 앉아 있는 등 일상생활을 하는 아이를 볼 수 있다.

그리고 긍정적인 관찰도 해야 한다. 아이가 무엇을 할 때 얼굴이 편안해 보이는지, 무엇을 할 때 웃는지, 어떤 음식을 잘 먹는지, 가족들이 있는데도 거실에 나오는 때는 언제인지, 친구랑 피시방에 일주일에 몇 번이나 가는지 등을 파악해야 한다.

아이에게 불만이 많은 부모는 아이의 즐거움을 부인하거나 무시하거나 비난하기 쉽다. 그러나 언제 아이가 즐거움을 느끼는지 알아내야 한다. 즐거움이란 아주 짧은 순간이라도 긍정적인 감정을 느끼는 순간을 말한다. 뿐만 아니라, 가족과 대면하지 않던 아이가 가족과 얼굴을 맞대는 순간을 말한다. 그리고 우리는 앞으로 아이가 즐거움을 느끼는 시간을 조금씩 증가시킬 것이다.

비난을 줄이고 해야 할 것

▶ 아이를 관찰하자.
• 정말 하루 종일 방에 있는가?
• 정말 하루 종일 컴퓨터만 하는가?
• 정말 하루 종일 스마트폰만 보고 있는가?
• 정말 하루 종일 아무것도 먹지 않는가?

▶ 긍정적 관찰도 해야 한다.
• 아이가 무엇을 할 때 마음이 편해지는가?
• 아이가 무엇을 할 때 웃음을 보이는가?
• 아이가 어떤 음식을 줄 때 잘 먹는가?
• 아이는 친구랑 만나면 뭘 하는가?
• 아이가 엄마한테 먼저 말할 때는 언제인가?
• 아이가 가족이 있는데도 거실에 나오는 경우는 언제인가?

🎒 1단계에 필요한 인내의 시간

1단계는 부모가 열심히 했을 때 보통 한두 달 정도의 시간이 걸린다. 1주일 만에 확 바뀌어서 오는 경우도 있고, 치료자에게 숙제를 했다고 하고는 실제로는 하지 않아서 6개월이나 1년씩 아이의 행동변화가 거의 없는 경우도 있다. 그러나 보통은 한두 달 정도면 1단계가 지나가는데, 부모는 첫 1~2주를 가장 힘들어한다. 성선설(몸과 마음이 편하면 긍정적 행동이 증가한다)에 기반한 치료자의 치료방향을 받아들이는 데 시간이 걸리는 것인데, 이 시기가 부모의 행동변화도 쉽지 않고, 부모가 바뀌었다고 해도 아이가 변화되는 데까지 시간이 걸리기 때문이기도 하다.

그래서 첫 한 달 동안 아이가 많이 좋아지지 않아도 부모가 인내하면서 네 가지 과제를 지속할 수 있게 도와주어야 한다. 하나의 방법은 다음 페이지의 그래프를 통해, 현재 어느 지점에 있으며 앞으로 어떻게 좋아질 것인지 비전을 제시하는 것이다.

그나마 눈치를 보던 아이들이, 부모가 잔소리를 하지 않으면 마음이 편해지면서 기존의 문제행동이 일시적으로 더 증가한다. 그러나 말을 하지 않는 것이 아이를 포기한 것이 아니라, 아이를 편

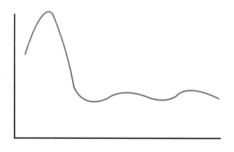

▲ 문제행동의 정도

하게 해 주기 위한 것이라는 부모의 마음을 알게 되면, 아이들은 긍정적이고 발전적인 시선에서 스스로를 돌아보게 되고, 문제행동이 점차 줄어든다. 부정적 행동과 긍정적 행동은 공존하기 힘들기 때문이다.

🎒 1단계로 인한 아이의 변화

다음과 같은 행동이 나타난다면 이제 슬슬 2단계로의 준비를 해야 한다.

- 가족과의 대화가 늘어난다.
- 가족들에게 먼저 말을 한다.
- 가족들 앞에서 웃는 모습을 보인다.
- 거실에서 웃으면서 TV를 본다.
- 가족과 밥을 먹기도 한다.
- 얼굴이 편해 보인다.
- 하고 싶은 것을 부모에게 말한다.
- (학교를 가는 경우라면) 학교에 있는 시간이 늘어난다.

이 시점에서 부모는 아이가 거실에 나와 있다거나, 아이가 웃는 걸 봤다거나, 얼굴이 편해 보인다는 말을 자주 한다. 그런데 이러한 변화를 그냥 물어보면 부모가 대답하지 못하는 경우가 많다. 그래서 부모가 스스로 변화를 말하지 않는 경우에는, 직접 물어보는 것이 좋다.

"아이가 이전에 비해 조금 달라진 점이 있나요?"(좋아진 점이라고 묻지 않는 것이 좋다. 부모들은 아이의 작은 변화를 아직은 긍정적으로 생각하지 못하는 경우가 많다.)

여전히 아이를 부정적으로 보고 있는 한쪽 부모(대부분 아버지)는 아이가 웃는 모습을 부정적 시선으로 보고('지가 뭘 잘한 게 있다고 웃나?') 그것을 변화로 인식하지 못하지만, 약간 긍정적인 관점으로 바뀐 다른 한쪽 부모(대부분 어머니)는 "근데 잘 보면 요즘 웃는 것도 몇 번 봤어요. 그리고 생각해 보니 거실에 나와서 TV를 보더라고요. 아빠가 없을 때 몇 번 그런 것 같아요."라고 말하는 경우가 많다.

지금 어머니가 말한 작은 변화가 매우 중요한 변화이며, 이는 그동안 전적으로 부모의 노력에 의한 것이라는 칭찬과 함께, 이제 2단계로 나아갈 수 있는 준비가 되었다는 것을 알려야 한다.

04

2단계
긍정행동 늘리기

1단계를 통해 스트레스가 줄어들면, 아이는 이제 자신의 발전을 위해 긍정적인 고민을 하기 시작한다. 그런데 아직은 할 줄 아는 게 없다. 그래서 고민은 하지만 제대로 된 대응 방법을 마련하지 못하는 상태이다. 1단계가 어떠한 도움도 받지 못할 수준이었다면, 2단계에서는 이제 도움을 조금 받을 수 있는 수준이 된다. 자존감이 조금 올라와서 중립적인 말을 과도하게 부정적으로 듣지 않게 되었기 때문이다.

🎒 아이와 친해지기 1-미디어 같이 보기

요즘은 아이와 친해지는 것이 어렵지 않다. 그냥 스마트폰을 같이 보면 된다. 1단계에서 아이가 폰을 보는 것에 대해 잔소리를 하지 않았으니 아이는 편하게 폰을 볼 것이다. 그리고 폰에 대해서 부모를 적으로 대하지 않게 된다. 이제 아이가 폰을 보고 있을 때 부모가 다가가도 아이는 경계를 하지 않고 자기가 보던 콘텐츠를 부모가 보도록 허용할 것이다.

처음에는 그냥 슬쩍슬쩍 지나가면서 아이가 어떤 걸 보는지 확인하는 정도로 충분하다. 대개는 유튜브 먹방이나 유머, 웹툰 그리고 게임 정도이다. 가끔은 무기나 잔혹 스토리 같은 독특한 관심사

를 가지고 있고, 그것이 통상적으로 부모가 싫어하는 내용일 수 있다. 그러나 겁낼 필요는 없다. 대부분 해당 영상을 아이가 보는 것을 싫어하는 이유는 아이가 그 영상에 나오는 행동을 따라하게 될까 봐 걱정하는 것인데, 유튜브를 부모가 편하게 같이 보는 시간이 늘어나면 관련된 문제가 일어날 가능성은 줄어들게 되어 있다. 내용에 대한 관심은 가지더라도, 부모와 친해지면 부모가 싫어하고 자신에게 해가 되는 행동은 하지 않게 된다.

아이와 조금 더 친해지면 이제는 같이 보자고 해도 된다. 먹방이나 유머를 같이 보면, 처음에는 정말 기가 막힌다. 크리에이터는 말도 안 되는 행동을 하고 있고, 그걸 보고 아이는 바보처럼 환하게 웃는다. 거기다가 침대에서 폰을 벽에 기대어 놓고는 웅크리고 누운 폐인 자세를 하고 있는 걸 보면 더 기가 막힌다. 그러나 같이 볼 때 정말 중요한 것은 아이의 즐거움을 방해하지 말아야 한다는 것이다.

연애할 때를 생각해 보자. 내가 좋아하는 사람이 좋아하는 것이라면 나도 웃으면서 할 수 있어야 그 사람을 내 사람으로 만들 수 있다. 연기가 필요하다. 유튜브의 질적 수준은 논외로 하더라도 사람마다 취향은 다른 것이다. 그래서 아이를 웃게 하는 것이 부모를 웃게 하지 못하는 일은 충분히 있을 수 있다. 그러나 지금 아이랑 친해져야 하는 것은 부모이다. 그렇기 때문에 부모의 연기가 필요하다.

자신이 회사 사장님의 아이를 하루 동안 맡았다고 생각해 보자. 사장님 아이가 유튜브를 보면서 웃고 있는데 한심하다는 표정으로 보고 있을 것인가? 그렇지 않을 것이다.

"철수, 재밌는 거 보나 보네. 뭔데 그렇게 재밌니? 아줌마도 같이 볼까?"

그렇다. 사장님의 아이는 사장님과 동격이다. 그런데 아이는 아이이다. 부모는 사장님의 아이는 존중하고 눈치를 보면서 내 아이의 눈치는 보지 않는다. 그것은 곧 아이를 존중하지 않는 것이고, 스스로 힘이 부족한 아이가 부모의 존중까지 받지 못하면 성장하기 힘들다.

중요한 것은 유튜브, 웹툰, 게임 등의 미디어를 같이 즐기는 것이다. 1단계 목표가 적이 아니라는 것을 확인시켜 주는 정도라면 2단계 목표는 친구가 되는 것이다. 친구가 아닌 사람이 친구가 되려면 즐거움을 나누어야 한다. 그래서 친구가 되면 비로소 고통을 함께할 수 있는 관계가 된다. 나는 게임을 하지 않는다. 아니 게임을 할 줄 모른다. 그래도 아이와 게임을 같이할 수 있다. 아이가 게임을 하게 한 다음에 옆에서 적극적으로 물어보고 내가 할 수 있게 도와달라고 한다. 지금까지 어떤 아이도 날 가르쳐 주면서 귀찮아한 아이는 없었다. 오히려 설명을 어찌나 잘하는지 놀라기만 했을 뿐이다. 나도 먹방이나 유머가 재미있지는 않다. 그러나 같이 보다가 아이가 웃을 때 따라 웃는다. 이것은 마치 영어회화 배울 때 옆 사람이 웃으면 같이 웃는 것과 마찬가지이다. 그런데 그렇게 하다 보면 재미를 느끼게 되고 어느 순간 아이 없이 나 혼자 있는 시간에 그 영상을 보고 있는 자신을 발견하게 된다. 이 정도에 이르면 아이랑 친해지는 것은 이제 아무 문제가 없다. 유튜브 알고리즘으로 인해서 부모의 스마트폰에도 해당 먹방 최근 영상이 올라올 테니 아이에게 먼저 "이번에 소고기 먹는 영상 떴던데 봤어?"라고 말하며 즐거움을 공유할 수 있다.

🎒 아이와 친해지기 2-대화하기

대부분의 등교거부 아이는 미디어를 통한 대화에 문제가 없지만 어떤 아이는 그보다는 자신이 하고 싶은 말이 많은 경우가 있다. 그리고 미디어를 통해서 관계가 좋아지면 자기 관심사를 더 적극적으로 드러내기도 한다.

이럴 때는 아이가 하는 말에 동의하면서 맞장구를 치는 것이 중요하다. 아직은 절대 반박하거나 문제점을 지적하면 안 된다. 등교거부 아이는 자존감이 바닥에 있는 상태이고 2단계 초반까지만 해도 아직은 성공 경험이 없기 때문에 자존감이 낮다. 그래서 조금만 지적을 해도 비난으로 받아들이고 다시 움츠러들게 된다.

아이들은 보통 연예인이나 유튜버에 대한 이야기부터 시작하는 경우가 많고, 때로는 진로나 인생의 방향 등 거창해 보이는 주제를 말하기도 한다. 그러나 이는 대개 피상적인 수준이다. 기억해야 할 것은 2단계 초반에 아이가 하는 말은 실제로 무언가를 하겠다는 것보다는 부모와 친해졌다는 것을 확인하는 차원에서 하는 친교를 위한 대화라는 점이다.

이때 부모의 자세는, 나는 회사에서 열심히 일하고 있는데 혼자 제주도 여행을 다녀온 친구가 저녁에 만나자고 해서 만날 때 여행에 대한 이야기를 들어주는 자세이면 된다.

"잘 놀았어?"

"정말 그랬을 것 같네."

"그렇게 되지~ 맞아~"

"와~ 거기 어땠어?"

"좋았겠다!"

성인인 부모는 친구들에게 이런 말을 마음에도 없이 정말 잘한다. 그 기술을 내 아이를 위해 사용하면 된다. 여기서도 중요한 것은 아이가 좋아하는 대화를 '같이'하는 것이다.

🎒 가벼운 제안하기

이제 아이의 얼굴이 편안해지면서 내면의 화가 줄어드는 것이 보인다. 화가 줄어들면 부모와의 관계가 편해진다. 그리고 부모의 말을 필요 이상으로 공격적으로 듣지 않는다. 화가 줄어들면 남을 공격하기보다는 나를 위해 건강한 생각을 하게 된다. 점점 발전적인 행동을 위한 기회가 오고 있는 것이다.

1단계에서는 아이가 밥을 안 먹는다고 하면 그냥 두었지만 2단계에서는 '같이 먹자'고 말해도 된다. 1단계에서는 아이가 방에서 혼자 유튜브를 보고 있으면 그냥 두었지만, 2단계에서는 '같이 보자'고 말해도 된다. 다만, 아이가 거절하거나 반응을 보이지 않으면 그냥 두어야 한다. 아이도 변화를 받아들이는 데 시간이 필요하다. 다만, 변화를 위한 촉진 작업은 필요하다. 하루에 한 번씩만 친교를 위한 제안을 하는 정도면 충분하다.

🎒 근거 있는 칭찬

이제는 그동안 관찰한 내용을 써먹을 차례이다. 1단계에서는 아이와 밥을 먹을 때 비난하지 않는 것이 아이를 편하게 했다면 2단계에서는 칭찬을 하는 것이 아이를 기분 좋게 할 수 있다. 단, 근거를 가지고 해야 하고, 칭찬을 할 행동과 칭찬을 하는 말도 아주 간단한 수준이어야 한다. 예를 들어, 같이 식사를 할 때 아이에게 물컵을 달라고 하고 아이가 갖다주면 "고마워."라고 말하는 것이다. 아이가 칭찬을 받을 간단한 상황을 만들고, 직접 행한 작은 행동을 놓치지 않고 호의적 반응(칭찬)을 하는 것이 중요하다.

칭찬을 할 때는 '잘했다'라고 하는 권위적 칭찬보다는 '고마워', '기분 좋다' 등 부모의 긍정적 감정을 표현하는 것이 좋다. 외국 여행을 가면 'thank you'와 'sorry'를 입에 달고 다니게 된다. 그런데 우리만 그런 게 아니라, 여행을 가는 곳마다 만나는 현지 사람들도 그 말을 달고 산다. 여행지라는 기분 좋은 곳에서 서로 상대를 배려하고 존중하는 모습을 보여 줌으로써 기분 좋은 상태를 유지하려는 모두의 노력이 이 두 단어로 표현되는 것이다. 이제 우리 집도 서로가 서로를 배려하고 각자의 즐거움을 존중하는 곳으로 만들어야 한다.

또 주의해야 하는 것은 "진작 그렇게 하지."와 같이 비꼬지 않는 것이다. "(큰 목소리로) 어이구, 오늘처럼 일찍 일어나니 너무 좋네!"와 같은 과도한 칭찬도 사실상 비꼬는 것과 비슷한 마음 상태에서 나오는 표현이다. 아이를 칭찬하는 듯하지만 사실은 이전에 노력하지 않은 것을 비난하는 것이기 때문에 공격이 된다. 이를 방지하기 위해서는 칭찬을 할 때 '고마워', '기분 좋다'라고만 짧게 하는 것이 좋다. 그리고 아직도 칭찬할 게 정말 없다면 차라리 안 하는 게 더 낫다. 부모가 하루 여섯 번의 인사를 잘하고 있다면, 칭찬받을 행동은 조만간 생길 것이다.

아이를 칭찬할 때 몰입이 잘 안 된다면, 직장에서 부하직원에게 하듯이 하면 된다. 직장은 성인들이 모여서 서로 계약관계 속에서 일하는 곳이다. 그래서 상하관계가 있지만 이는 정해진 규칙 안에서 이루어지는 것이고, 기본적으로 독립적 성인으로서 서로를 존중하는 맥락에서 대한다. 그리고 상대를 존중하지 않으면 곧바로 직간접적으로 자신이 처벌(공식적인 문제 제기, 직장 내 따돌림 등)받을 수 있기 때문에 적당히 예의를 갖추려 노력하게 된다. 단, 가정 내에서는 아이를 존중하지 않는 것에 대한 처벌이 아이의 망가짐으로 오게 된다는 점이 차이일 뿐이다.

칭찬할 때 주의사항

- '잘했다'는 권위적 칭찬이다.
- '고마워', '기분 좋다' 등 부모의 긍정적 감정을 표현하는 것이 자연스럽고 기분 좋은 최고의 칭찬(정적 강화)이다.
- 비꼬지 않기
- 과도한 칭찬 금지
- 칭찬은 짧게, 따뜻한 말투로
- 칭찬할 게 없으면 아예 말하지 않기

🎒 아이의 요구 들어주기

마음이 편안해지고 기분이 좋아진 아이는 이제 부모님께 자신의 욕구를 표현하게 된다. '치킨이 먹고 싶다', '친구랑 피시방에 가겠다', '폰을 바꾸고 싶다' 등. 일단 당장 해 줄 수 있는 것은 바로 해 주는 게 좋다. 기준은 자해나 타해에 해당되지 않으면 다 해 주는 것이다. 그래도 당장 해 줄 수 없는 것이 있다. 너무 비싸거나 (200만 원짜리 노트북) 현실적으로 지금 당장 해 줄 수 없는 것들(먼 지역에서 하는 전시회를 보고 싶은데 부모가 데려다줄 수 없는 경우)이다. 이렇게 당장 해 줄 수 없는 것들은 '안 된다'가 아니라 아이가 그 욕구를 해소하려면 부모와 아이가 앞으로 어떤 노력을 해야 하는지를 아이와 같이 고민할 수 있어야 한다. 부모는 아이의 욕구 해소를 방해하는 대상이 아니라 욕구 해소를 도와주는 대상이 되어야 한다. 이를 위해서는 '해 달라-안 된다'로 이어지는, 각자의 욕구를 일방적으로 통보하는 방식이 아닌, 서로 밀고당기는 대화를 할 수 있어야 한다.

이렇게 말하면 부모는 스마트폰중독, 게임중독이라는 단어를 사용하면서 걱정을 한다. "폰에 빠져서 애가 아무것도 못하면 어떻게 하냐!" 나는 아이들이 초등학교 4학년 정도부터 스마트폰 사용 시간에 대해서 전혀 관여를 하지 않았다. 딸은 발레를 좋아하고 아

들은 야구를 좋아하는데, 딸은 전 세계의 유명한 발레리나를 다 섭렵하고 있고, 아들은 나보다 야구에 대한 지식이 더 많아졌다. 우리 애들도 먹방을 보지만 먹방만 보진 않는다. 마음 편하게 폰을 볼 때 단순히 자극적인 것에 대한 집착을 버리고 건전한 욕구를 따라 영상을 보게 되는 것이다.

아들이 6학년 때 LOL을 해도 되냐고 하길래 하라고 했다. 아이 이름으로 등록하기가 어려워서 그냥 내 이름으로 등록까지 다 해주었다. LOL은 컴퓨터로 하는 게임이고, 게임을 하려면 영타를 쳐야 한다. 아들은 약간의 학습장애가 있어서 글씨를 읽고 쓰는 것에 조금씩 문제가 있었는데, 중1에 영어단어를 연필로 쓰면서 외우라고 했더니 너무 힘들어했다. 그래서 컴퓨터로 타자를 쳐서 외우게

했더니 외우는 속도가 매우 빨라져서 문장을 외우는 데도 별다른 어려움이 없을 정도가 되었다. 위의 사진에 나오는 것이 아들의 영타 결과인데, 나보다 훨씬 빠른 속도를 자랑한다.

🎒 밀당의 고수가 되자

아이가 요구를 할 때, 지금 당장 들어줄 수 없는 요구라면 밀당 (협상)을 해야 한다. 단, 협상의 결과는 아이와 부모 모두에게 이익이 되는 방향이어야 한다. 아이가 당연히 해야 할 것을 하지 않는다고 여기는 부모는 지금 아이가 할 수 없는 무리한 것을 요구하는 부모 위주의 제안을 하기 쉬운데, 이를 조심해야 한다.

아이가 비싼 스마트폰을 사 달라고 하는 것은 아이 입장에서는 솔직한 욕구의 표현이다. 그러나 이는 부모를 불편하게 만들기 때문에('아니, 지가 한 것도 없으면서 무슨 비싼 폰을 사 달라고 하는 거야? 말이 돼?') 부모를 공격한 것이 된다. 그런데 부모가 (폰을 하루에 4시간씩 하는 아이에게) 1시간만 하라고 요구하는 것 또한 부모 입장에서는 아이를 위한 결정이지만, 아이는 자신의 현재 요구가 거절당한 것이기 때문에 아이도 공격을 받은 것이 된다. 조롱이나 비난("야, 근데 너 이 약속 지킬 수 있겠냐?")이 섞이면 더 그렇다.

아이가 부모에게 무언가를 요구한다는 것은 아이를 한 단계 더 성장시킬 수 있는 기회가 온 것이다. 부모는 자신이 고통받지 않으면서 아이에게 해 줄 수 있는 수준을 정해서 알려 주고 아이에게도 아이가 감당할 수 있는 수준의 행동변화를 요구해야 한다. 그리고 무엇보다 최종 결정은 아이의 동의를 구해서 해야 한다.

1단계가 지나면 아이가 좋아지고 있다는 생각에 부모가 흥분하여, 아이가 원한다고 해서 200만 원짜리 노트북을 덥석 먼저 사 주는 경우가 있다. 이는 부모가 너무 앞서 나간 것이고, 아이는 아직 200만 원만큼의 노력을 할 준비는 되어 있지 않은 상태이기 때문에, 부모가 실망하여 결국 아이를 비난하게 된다. 부모는 무리해서 노트북을 사 줬으니 경제적으로 타격이고, 아이가 투자한 만큼 바로 좋아지지 않으니 심리적으로도 타격이 크다. 그리고 그 타격은 말하지 않아도 아이에게 전달되어 아이의 발전을 방해한다. 그래서 아이가 어떤 요구를 할 때는 '부모가 고통받지 않으면서' 해 줄 수 있는 수준이 어느 정도인지를 먼저 생각해야 한다.

순서는 '아이의 요구-부모의 제안-아이의 제안-부모의 협의안 제시-아이의 결정' 순으로 하면 된다. 부모는 솔직하게 자신의 생각을 말하면서도, 아이의 욕구를 수용하고 아이의 입장까지 고려한 중재안을 내놓아야 한다.

부모의 제안

"지금 쓰는 스마트폰이 있고, 네가 사 달라고 하는 스마트폰은 네 나이에는 너무 비싸다. (솔직한 생각의 표현) 그래도 요즘 표정이 밝아지고 가족들하고도 잘 지내고 있어서(아이의 최근 변화에 대한 피드백) 점점 좋아지는 모습이 보기 좋다.

그래서 엄마(아빠)도 될 수 있으면 네 요구를 들어주고 싶다.

엄마(아빠)는 스마트폰을 사 주려고 노력할 테니 너도 엄마(아빠)가 원하는 행동을 조금 해 주었으면 좋겠다. (쌍방 노력 제안)

힘들겠지만(아이의 고통에 대한 인정) 앞으로 3개월 동안, 스마트폰 보는 시간을 1시간으로 줄였으면 좋겠다.

앞으로 3개월 동안 그렇게 하면 바로 스마트폰을 바꿔 주겠다.

그리고 스마트폰을 바꾼 다음에도 사용 시간은 유지가 되었으면 좋겠다.

대신 생활에 방해가 되지 않게 일주일에 한 번은 마음대로(또는 4시간) 할 수 있는 날을 같이 정하자." (아이 욕구에 대한 수용)

부모가 자신의 욕구를 수용한 중재안을 제시하면, 아이도 자기 욕구를 표현하면서 동시에 부모의 욕구를 수용하는 중재안을 제시하게 된다.

아이의 제안

"3개월은 너무 길어요. 난 당장 사고 싶어요. 1개월로 해 주세요. 그리고 1시간은 너무 짧은데, 2시간으로 해 주세요. (자기 욕구 표현) 마음대로 하는 날은 하루면 될 것 같아요." (부모 요구 수용)

합의에서 중요한 것은 중간점을 찾는 것이다. 중간점을 찾는 것은 숫자적으로 중간점일 수도 있지만, 조건 하나는 부모 쪽, 다른 조건 하나는 아이 쪽으로 결정하는 방법으로도 가능하다. 그리고 처벌 조항이 들어가야 한다. 처벌 조항 없이 시작했다가 아이가 중간에 약속을 지키지 않으면, 밀당을 통한 아이의 성장이라는 목표를 다루기 어렵게 된다. 밀당의 목적은 목표를 이루기 위해서 아이가 노력하게 하는 발판을 마련하는 것인데, 규칙을 어겼음에도 스마트폰을 사 주면 노력 없이 결과를 얻은 것이다. 또한 규칙을 어겼다고 해서 스마트폰을 사 주지 않으면 아직은 의지가 부족한 아이가 목표를 그냥 포기하게 되어, 어느 쪽도 아이의 성장에 도움이 되지 않는다. 그리고 양자의 제안을 들은 다음에 최종안은 부모가 정리해서 제시하지만, 그에 대한 최종 결정은 아이가 해야 한다. 이때도 상사에게 결재를 받는다는 심정으로 신중하게 최종안을 만들어야 아이의 결재를 받을 수 있다.

최종 합의

1. 2개월 동안 매일 2시간만 스마트폰을 사용하면 스마트폰을 바꿔 주기로 함
2. 1주일에 한 번은 마음대로 할 수 있고, 부모는 잔소리하지 않기로 함
3. 1주일 단위로 지키지 못하는 횟수가 2회를 넘으면 스마트폰 구입을 1주일씩 뒤로 미룸(처벌 조항)
4. 스마트폰은 2개월 되는 시점에 50만 원 선에서 바로 사 주기로 함
5. 스마트폰 구입 이후에도 사용 시간에 대한 규칙은 동일하며, 벌칙은 구입 시기에 다시 결정하기로 함

🎒 합의 후 주의사항

무엇보다 협상이 완료되어 규칙이 적용되는 중에도 하루 여섯 번의 인사는 지속되어야 한다. 그래야 아이의 스트레스가 증가하

지 않아서 약속을 지킬 가능성과 목표를 이룰 가능성이 높아지며, 전체적인 삶의 의욕도 올라가고, 결국 방과 집에서 나올 가능성이 높아진다.

약속 이행 여부는 양자가 명확하게 확인할 수 있게 숫자로 정하는 것이 좋다. 2시간이면 7시부터 9시까지로 정하고, 용돈이라면 5만 원을 일요일 저녁 9시까지는 통장에 입금하는 식이다. 그리고 이 약속은 부모가 철저하게 지키되 이행 여부에 대해서는 여유를 두어야 한다. 예를 들어, 7시부터 9시까지 스마트폰을 본다고 했을 때, 9시 5분 정도까지는 봐주어도 된다는 의미이다. 그리고 5만 원을 9시까지 입금하기로 했으면, 확실하게 8시 55분까지 입금을 하든가, 자동이체를 설정하여 정확하게 입금되도록 하는 것이 좋다. 이러한 부모의 대처가 아이를 안심시켜서 규칙에 목메기보다는 현재 삶을 편안하게 하는 데 집중하게 만든다.

부모의 사정으로 확인하지 못한 사안에 대해서는 비난이나 처벌을 하지 말아야 한다. 7시부터 9시까지 스마트폰 사용을 하기로 한 상황에서 엄마가 회식을 하고 10시에 퇴근했는데 아이가 폰을 사용하고 있다면 보통의 부모는 아이가 약속을 지키지 않았다면서 아이를 비난한다. 수능시험을 보는데 감독자가 자리를 비운 사이에 학생이 커닝을 했다. 누구의 잘못인가? 커닝을 한 학생이 가장 잘못이지만, 자리를 비운 감독자도 잘못이다. 아이가 2시간만 스마트폰을 사용하는 것은 고통이다. 부모가 다른 일 안 하고 집에서 아이랑 같이 있는 것도 고통이다. 부모가 고통을 감수할 때, 아이가 고통을 감수할 수 있고, 그러지 못할 상황이라면 아이에게도 고통 감수를 요구하지 말아야 한다. 부모가 회식한 날은 예외로 쳐야 한다는 말이다.

언제든 어느 한쪽의 요구에 의해서 재협상할 수도 있다. 아이와 부모에게 모두 필요한 조항이다. 누구나 미처 생각하지 못한 부분이 있을 수 있고, 생활하다 보면 바꿔야 할 부분도 생긴다. 보통 아이의 요구는 꼼수로 생각하고, 부모의 요구는 당연한 것으로 생각하는 경향이 있다. 이에 대한 인식의 전환과 마음의 준비가 필요하다. 인간에게 자율권과 통제권은 삶을 살아가게 하는 원동력이 된다. 아이의 재협상 요구를 받아들여 줄 때 아이가 변경된 규칙을 잘 지킬 가능성이 더 높아진다.

🎒 휘둘림 당하지 않기

대부분 부모-자녀 사이에서 반복되는 부정적 패턴은 아이가 무리한 요구를 하면, 이에 대해 부모가 과도한 비난을 하고, 아이가 극단적인 문제행동을 하면 소강 상태에 빠졌다가, 아이에게 미안함을 느낀 부모가 아이의 긍정적 행동변화가 없음에도 불구하고 아이의 요구를 수용해 주는 것이다.

이러한 악순환이 지속되면 아이는 '극단적 문제행동을 통한 욕구 관철시키기(정적 강화)'를 학습하게 된다. 이를 방지하기 위해서는 아이의 상태에 상관없이(아이가 약속을 지키든 말든) 하루 여섯 번의 인사를 유지해야 한다. 부모가 흥분하면 아이에게 죄책감을 느끼게 되어 결국은 아이의 요구를 들어주게 된다. 죄책감을 느낄 만한 일을 하지 않아야 아이의 강한 요구를 참을 수 있는 것이다.

이때 필요한 태도의 모델은 삼성이나 LG 같은 유명 전자회사의 서비스센터 직원이다. 요즘은 그런 사람들이 많이 줄었지만, 예전에는 서비스센터에 가서 대기를 하고 있으면 손님 중에 큰소리치는 사람들이 한 명씩 있었다. "아니 이거 산 지 일주일밖에 안 됐는데 벌써 고장이 나고 그러면 어쩌라는 거야!"라고 안내 직원에게 호통을 친다. 그러면 안내 직원이 '죄송합니다'라고 굽신거리는가? 그렇지 않다. "아, 네, 고객님. 힘드셨겠어요(공감). 지금 접수했고요. 6번 창구로 가시면 됩니다(친절한 안내와 지시)."라고만 한다. 그러면 씩씩거리던 고객은 6번 창구로 가고, 수리기사가 제품을 고쳐 주면(문제가 해결되면) 언제 그랬냐는 듯이 웃음을 띠며 집으로 돌아간다. 중요한 것은 문제를 해결하는 것이고, 문제해결에는 시간이 필요한데, 그 기다리는 시간에 최대한 문제가 발생하지 않게끔 하는 것이다. 이를 위해서 필요한 것은 고통감에 대한 짧은 공감과 앞으로 해야 할 것에 대한 친절한 안내이다.

🎒 아직은 기대 낮추기

아직은 용암이 충분히 빠져나가지 않았다. 약속을 지키지 못하는 일들이 계속 있을 것이고 가끔은 예전의 안 좋은 모습이 나타나기도 할 것이다. 아이가 방에서 몇 달씩 나오지 않아서 아이의 인생을 망칠지도 모른다는 커다란 외상을 겪었던 부모는, 아이가 한두 달 정도 나아지는 모습을 보이다가, 다시 방에서 나오지 않는 등 안 좋았던 예전의 모습을 며칠 보이면 큰 충격에 빠져서 급격하게 상태가 나빠진다. 아이가 퇴행을 하면 부모도 다시 옛날 모습으로 돌아가서 아이에게 잔소리를 하고, 상담에 와서는 신세한탄만 하게 된다. 이럴 때는 부모의 걱정과 한탄을 잘 들어주고, 침착하게 최근에 있었던 일들을 점검하자. 그러면 상황은 그리 나쁘지 않으며, 지금 상태가 악화된 이유가 무엇인지도 금방 찾아낼 수 있다.

하루 여섯 번의 인사를 충실히 하던 엄마가 일주일 동안 출장을 갔다. 엄마는 아이도 좀 좋아진 것 같고, 자기 자신도 그동안 고생했으니 이제 아이에게서 해방되어 일주일 동안 집에 전화도 거의 하지 않은 채로 시간을 보냈다. 이렇게 엄마가 없는 틈에 엄마의 견대로만 수동적으로 따르던 아빠가 아이를 불러 앉혀 놓고 이런 저런 잔소리를 계속했고, 아이는 일주일 내내 다시 방에 처박혀 있었다. 엄마가 출장에서 돌아왔는데, 아이도 아빠도 아무 말도 하지 않으니 이 사태를 파악하는 데만 일주일이 걸리고 상담에 온다.

친정엄마를 요양병원에 입원시켜야 하는지 결정해야 하는데 남편과 친정 동생들이 협조적이지 않아 계속 스트레스를 받던 상황에서, 엄마의 스트레스가 점점 커진다. 엄마의 미소는 둘째 치고 엄마와 아빠가 계속 싸우고, 엄마가 친정 형제들과 싸우는 소리만 들린다. 아이는 이제 알을 깨고 나오려고 하는데 세상이 전쟁통이니 다시 알 속으로 들어가게 된다.

이렇게 대부분은 부모의 직업적, 환경적 스트레스가 증가하면서 부모가 아이에게 신경을 많이 쓰지 못하는 일시적 방임 상태였거나, 아이가 좋아지면서 부모가 방심을 하게 되어 아이에게 그동안 참았던 잔소리를 하는 등 부모 요인인 경우가 많다.

이때는 부모와 같이 최근 한 달과 그 이전 한 달의 모습을 차분히 비교해 보는 것이 효과적이다. 2단계 후반부까지 왔다면 대부분은 조금이라도 좋아진 모습이 있을 것이다. 객관적으로 좋아진 부분이 있고, 지금 나빠진 부분이 그렇게 많이 퇴보한 것이 아니라는 것을 잘 설명하면, 이를 확인한 부모는 다시 마음이 편해져서 침착하게 현실에 집중하고 하루 여섯 번의 인사를 지속할 수 있다.

"(그림을 보면서) 아이가 언제든지 이전처럼 안 좋은 행동을 할 수 있습니다. 이럴 때마다 걱정이 되시고, 다시 처음으로 돌아갔다고 생각하실 수 있습니다. 그래프와 같이 한 번씩 안 좋은 행동을 함에도 불구하고, 처음보다는 꾸준히 좋아지고 있습니다. 한편으로는 이렇게 예전처럼 잠시 되돌아가는 것은 아이가 좋은 행동을 하기 위해 그만큼 에너지를 많이 써서 지쳤다는 것입니다. 아이가 안 좋은 행동을 몇 번 했다고 낙담하지 마시

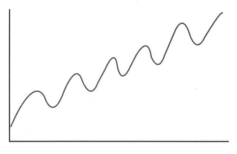

▲ 문제행동 재발에 대한 그래프

고, 제가 내드린 숙제들을 열심히 하시다 보면 그래프의 마지막처럼 좋아

질 것입니다."

2단계에 나타날 수 있는 긍정적인 행동변화 체크리스트

• 밥 먹고 난 뒤 자신의 밥그릇을 싱크대에 가져다 놓는다.

• 부모와의 대화가 늘어난다.

• 자신의 일정을 자발적으로 부모와 공유한다(예: "나 친구랑 피시방 1시
  간 하고 올게." 등).

• 부모와의 약속을 지키려고 노력한다.

• 자신의 의견을 말로 표현하면서, 부모의 생각도 물어본다.

• 부모가 좋아할 만한 사소한 행동이 늘어난다.

• 조건부적인 제안을 한다(예: "이거 하면 내 부탁 들어줘.").

05

3단계
긍정행동 유지하기

🎒 자발성 증가시키기

"아이가 클수록 신체적, 지적, 사회적 발달로 인해 부모의 도움 없이 할 수 있는 게 많아집니다. 많아진 힘을 가지고 아이가 자발성을 발휘할 때 부모가 이를 인정해 주어야 합니다. 그래야 부모가 굳이 간섭하지 않아도 아이가 먼저 현실적('아, 내가 30점이구나!'), 객관적('30점을 받았으니 사람들도 나에게 그 정도의 기대만 하겠구나.'), 관습적('매일 학원에 가는 애들은 적어도 70점은 받는구나.') 판단을 주도적으로 할 수 있습니다. 그것이 자신의 몸과 마음을 편하게 하는 방법이라는 것을 스스로 수용할 수 있기 때문입니다. 이것은 부모가 아이의 자발성을 인정해 줄 때 가능해집니다."

자발성을 어디까지 수용해야 할까? 자해나 타해를 하지 않는다면 최대한 수용해야 한다. 그런데 이를 위해서는 부모가 그동안 중요하게 생각했던 가치를 내려놓아야 한다. 도덕성, 사회규범, 남들의 시선에 대한 부담, 자신의 욕심 등은 부모로 하여금 아이의 자발성을 수용하지 못하게 방해한다. 부모가 이를 인정하지 못하거나 거부할 수 있다. 그러나 답은 정해져 있다. 부모가 아이의 자발성을 수용하는 만큼 아이의 자율성과 독립성이 커질 것이고, 자발성을 수용하지 않으면 아이의 성장은 여기서 멈추거나 퇴보하게 된다.

선택은 부모의 몫이지만, 치료자는 부모가 올바른 선택을 하도록 도와야 할 의무가 있다. 가장 먼저 부모의 가치관을 비난하지 않도록 조심해야 한다. 부모의 가치관은 지금까지 부모의 삶을 지탱해 준 기둥이기 때문에 그것이 모두 잘못되었을 리가 없다. 단지 조금의 수정이 필요할 뿐인데, 그 수정은 부모의 몫이다. 치료자가 해야 할 일은 필요한 설명을 하고 기다리는 것이다. 화를 내는 부모도 있다. 치료자가 이를 예상할 수 있어야 흥분하지 않고 침착하게 할 말을 하고 기다릴 수 있다. 치료자가 부모를 기다려 줄 때 부모도 아이를 기다려 줄 수 있다.

흔히들 사자가 새끼를 강하게 키운다고 하는데(절벽에서 올라오는 새끼만 키운다느니) 한 TV 프로그램에 나온 동물조련사의 말에

출처: Jean-Francois Largot.

따르면 그렇지 않다고 한다. 만약에 물가에서 새끼들이 논다고 하면, 가상의 경계를 설정해 놓고, 물 밖이든 물 안이든 새끼들이 경계 안에서 놀 때는 무슨 짓을 해도 그냥 두지만, 경계를 벗어날 때에만 가서 목덜미를 물어서 경계의 가장 안쪽에 갖다 놓는다. 이것이 우리 부모님들이 해야 할 행동이다. 그리고 인간에게 그 경계는 자해나 타해를 말하는 것인데, 아이들이 자해나 타해를 할 때 부모가 가장 하지 말아야 할 행동은 '그런 행동 하지 말아라'라고 훈계를 하거나 집안에 가두는 등의 강제적 조치를 취하는 것이다. 자해를 했다면 병원이나 상담센터에 데려가서 교육을 받고 지침에 따라 행동해야 한다. 그리고 타해를 했다면 학교든 경찰이든 관할 기관의 처분을 기다리면서 지침에 따라 행동해야 한다. 부모는 보통 병원이나 경찰서에 가기 전에 본인이 조치를 취하려고 하는데, 자해나 타해가 발생했다는 것은 이미 부모가 그동안 지속해 온 방식으로는 아이를 더 이상 안전하게 관리할 수 없음을 뜻한다. 아이뿐 아니라 부모의 행동까지도 전문가에게 맡겨야 한다.

다행인 것은 3단계 시점에서는 아이가 이제 더 이상 분노를 통제하지 못하는 헐크가 아니라는 것이다. 자신의 문제행동을 고치겠다고 말하기도 하고 고민을 혼자 해결하지 못해 먼저 토로하기도 한다. 어릴수록 말로 하기보다는 행동변화가 먼저 나타나기도 한다.

"나 영어 동영상 강의 좀 들어 볼까?"

"검정고시 한번 볼까?"

"나 드론 배워 보고 싶은데……."

"게임에서 어떤 자식이 욕을 많이 해서 싸우지 않고 그냥 나왔어요."

이렇게 고민이나 욕구를 말할 뿐 아니라, 적절한 조치를 스스로 취하기도 한다.

"아이에게 긍정적인 변화가 나타날 때는 이를 지지하면서("알았어, 한번 해 봐."), 스스로 준비하게 해야 합니다("네가 알아보고 아빠가 해야 하는 거 있으면 알려 줘.")."

이때 아이의 긍정적 변화가 너무 반가운 나머지 속도위반을 하는 부모가 있다. 영어 동영상 강의를 듣는다고 하면 6개월 치를 한 번에 등록해 주고, 검정고시 학원을 간다고 하면 학원도 부모가 다 알아보고 교재까지 부모가 다 사 준다. 이렇게 앞서가면 아이가 그동안 부모의 참았던 욕구를 갑자기 인식하게 되어 부담을 느끼고 압도당하며 더 위축될 수 있다.

아이의 속도에 맞춰서 나가야 한다. 그 방법은 아이가 먼저 한 발 가면, 부모가 뒤따라서 한 발을 가는 것이다. 검정고시가 대표적이다. 검정고시를 준비하겠다고 하면, 학원이나 교재 등에 대해서 본인이 알아보게 해야 한다. 학원에 전화해 보고 찾아가 보기도 하면서 의사결정 이후의 과정도 본인이 주도적으로 해야 한다. 학원을 가겠다고 해 놓고 안 가면 아이는 준비가 되지 않은 것이다. 부모는 더 이상 아무 반응을 하지 않고 하루 여섯 번의 인사를 지속하면서 아이를 기다려 주어야 한다. 아이가 학원비와 교재를 알아 오면, 부모는 흔쾌히 결제만 하면 된다. 단, 학원을 처음 알아보려고 하는데 아이가 부모에게 같이 가자고 부탁을 하면 같이 가 주면 된다. 아이가 요청해서 가는 것은 아이가 주도하고 부모가 반응한 것이어서 자율성을 해치지 않는다. 그러나 이 경우에도 만약을 대비해서 같이 가서 필요할 때 잠깐 도움을 주는 것이어야 한다. 해야 할 것들은 아이가 다 하도록 하고 뒤에 있다가 아이가 요구하는 것만 간단하게 해 주는 것이다. 예를 들어, 처음 학원에 갔는데 입구에서 멍한 표정으로 아무것도 하지 못하고 있을 때 부모의 얼굴을 쳐다보면, "저기 안내 데스크에 가서 물어보면 될 것 같아."라고 하는 정도만 해 주면 된다.

보호적이고 지지적인 환경에서 주도성을 발휘할 수 있을 때, 마음 편하게 자신의 욕구를 표현하면서 하고 싶은 것을 마음껏 시도하게 되고, 실패에 대한 부담이 덜하니 급하지 않게 행동함으로써 안전하게 시행착오를 반복하며 성장의 발판을 마련할 수 있게 된다. 시행착오 학습은 현실을 직시하면서 자신의 능력을 차곡차곡 쌓아 가는 가장 좋은 방법이다. 아이가 이 좋은 학습 과정을 스스로 완수하기 위해 부모가 도와줄 것은 간단하다. 한 발짝 뒤에서 조용히 따라가다가 아이가 필요로 하는 것을 직접 요청할 때 딱 그것만 해 주고, 나머지 대부분의 시간은 묵묵히 하루 여섯 번의 인사를 지속하는 것이다.

🎒 퇴행에 대비하기

아이가 3단계에 진입하여 잘하다가 퇴행을 하기도 한다. 갑자기 이전처럼 방에 처박혀서 안 나오기도 하고, 별것 아닌 말에 짜증을 내기도 한다. 그리고 우울한 표정으로 멍하니 있는 모습을 보이기도 한다. 이럴 때 부모의 일반적 반응은 "그렇게 참고 노력을 했는데 이 자식 또 그때로 돌아갔네! 다 소용없어!"라고 하며 실망하는 것이다. 치료자는 재발에 대한 사전교육을 통해 충격을 감소시키는 것이 좋다.

"재발은 있을 수 있습니다. 그리고 대부분은 그럴 만한 상황적 이유가 있는 경우가 많습니다. 첫 번째는 부모가 직장 스트레스가 많아서 아이의 행동에 예민하게 반응하는 경우, 두 번째는 정신을 차린 아이가 현실에 직면해서 고통감이 밀려오는 경우, 세 번째는 살다 보면 겪을 수 있는 소소한 갈등이 있는 경우 등이 있습니다."

치료자는 침착하게 전후 상황을 파악하여 관련된 요인들에 대해서 부모가 점검할 수 있게 해야 한다. 부모와의 작업 이후에는 부모가 아이와 같이 그 상황을 점검하도록 하는 것도 좋다. 또한 퇴행은 그동안 열심히 하면서 지친 마음의 표현이기도 하다. 부모와 아이 모두에게 그동안의 노력에 대한 칭찬과 고통에 대한 위로를 해 주어야 할 시기라는 말이다.

🎒 알까기

이제 아이는 세상으로 나갈 준비를 해야 한다. 병아리가 알 안에서 부리로 쪼기 시작하면 밖에서 어미도 알을 쪼아 준다고 한다. 이와 비슷하게 하면 된다. 부모는 아이의 뒤에서 아이가 할 수 있는 것은 혼자 하도록 힘을 불어넣어 주고, 아직 아이를 힘들게 하는 사람들(다른 부모, 친구, 교사 등)로부터 적당히 보호를 해 주어야 한다.

어머니들은 대부분 상담에 협조적이지만 아버지들은 그렇지 않은 경우가 종종 있다. 그리고 사회성이 부족한 아이가 친구를 만나기는 하지만 만나면서 스트레스를 계속 받을 수도 있다. 담임교사가 관리 차원에서 하는 지속적인 연락이 미처 준비가 되어 있지 않은 아이에게 부담감을 주기도 한다. 이러한 문제 상황에 처했을 때 부모의 믿음과 보호는 아이가 통제감을 유지하면서 현실적인 판단을 내릴 수 있도록 도움을 준다.

아이가 "피시방 다녀와서 숙제할게."라고 하면 "그래 알았다. 누구랑 가니? 돈은 있어? 몇 시에 오는지만 말해 줘."라고 하면 된다. 보통 부모님은 숙제를 하고 피시방에 가길 원한다. 그러나 중요한 것은 아이가 먼저 스스로 숙제를 하겠다고 말했다는 것이다. 스스로 숙제를 한다고 말했는데, 이 상황을 부모가 뒤집으면("숙제하고 피시방에 가라.") 아이는 부모에 대한 반감이 증가하여 오히려 부모가 원하는 행동(숙제)을 하지 않을 가능성이 높아진다. 아이의 욕구를 수용하면서, 아이의 계획을 물어보면 된다. 물론 계획을 물어볼 때도 친절하고 따뜻하게, 그리고 도움을 주려는 마음으로 물어보는 것이 좋다.

아이가 "엄마, 나 체험학습 가기 싫은데……."라고 하면 "그렇구나. 왜 그런지 좀 들어 볼 수 있을까? 엄마가 선생님한테 말해 볼게. 그리고 나서 다시 얘기해 보자."라고 하면 된다. 아이의 욕구를 먼저 수용하고("그렇구나.", "말해 볼게."), 아이가 부담스러워하는 일의 중재자의 역할을 해 주는 게 좋다. 여기서 중요한 것은 해결사가 아니라 중재자 정도의 역할만 해야 한다는 것이다. 선생님에게 아이의 의사를 전달하고 선생님의 의견을 아이에게 전달하여 아이가 결정하도록 해야 한다. 예를 들어, 선생님이 "제가 좀 더 신경 쓸 테니 가는 게 좋을 것 같습니다."라고 하면, 아이에게 그대로 전달하고 아이가 결정하게 해야 한다("선생님이 이렇게 말씀하셨어. 너는 어떻게 하고 싶니?"). 아이가 간다고 하면 "어려운 결정했네. 그래, 한번 다녀와 보자."라고 짧게 수용하는 말을 하면 된다. 더 길게 과장해서 칭찬하지 않도록 주의가 필요하다. 아이가 안 간다고 하면 "그래, 알았어. 그렇게 전달할게."라고 하면 된다. 거절 의사를 두 번 밝혔다는 것은 정말 하기 싫다는 말이다. 이때는 더 이상 말해 봤자 역효과만 커진다. 그리고 아이도 부모의 의견을 들어주는 노력을 했지만, 그럼에도 받아들일 수 없다는 말이기 때문에 이 정도에서 부모도 아이의 요구를 받아 주는 것이 좋다. 정리하면 욕구를 해치지 않으면서, 현실적이고 지지적인 대응을 해야 한다는 것이다.

🎒 부모의 스트레스 관리

아이가 좋아지고 있다는 것을 확실히 느낄 때쯤, 보호자가 갑자기 우울감을 호소할 때가 있다. 또는 아이는 잘하고 있는데, 사소한 일에 보호자가 화를 내는 경우도 있다. 그동안 마음속에서 참아 온 스트레스가 폭발한 것이다. 치료자는 이를 예상하고 위로와 함께 심리교육을 제공할 수 있어야 한다.

"부모님이 지금 이렇게 힘든 것은 너무 당연합니다. 그동안 아이 때문에 부모님이 정말 고생이 많았습니다. 그리고 그 노력에 비해 아이가 충분히 좋아지지 않은 것도 사실입니다. 그러나 아이는 지금 계속 좋아지고 있는 중입니다. (이 부분에서 대부분의 부모님이 고개를 끄덕인다.) 당분간은 지금까지 하시던 노력을 잠시 중단하셔도 됩니다. 지금부터는 아이에게 화내고 싶으면 화를 내시고요. 아이를 떠나고 싶으면 잠시 떠나셔도 됩니다. 친구들하고 놀러도 가시고 친정에 가서 좀 쉬고 오셔도 됩니다. 지금은 아이의 상태가 많이 좋아져서 부모님이 좀 쉬어도 아이의 상태가 악화되진 않습니다. 이제는 아이를 믿고 좀 쉬셔도 됩니다."

나는 이 시점에서 어머니들에게 "아이 옷 말고 어머님이 옷 좀 사 입으세요."라는 말을 자주 한다. 다 그런 것은 아니지만 등교거부 아이를 둔 어머니 중에 모든 것을 참고 사는 억압적인 분들을 자주 본다. 옷도 검소하게 입고, 직장 일과 집안일을 모두 조용히 성실하게 하는 경우가 많다. 사실은 그래서 아이들에게도 참기를 요구하고, 당신은 오랜 기간 당연히 참고 지내 왔던 현실의 요구에 응하지 않는 아이에게 화가 더 나기도 한다. 옷을 사 입으라는 말은 아이를 위하는 행동 말고 어머니 자신을 위한 행동을 하라는 뜻이다. 처음에는 당황스러워하지만 이내 무슨 뜻인지 이해하고 본인이 하고 싶었던 것을 말한다. 어떤 어머니는 마사지 회원권을 구매하고, 어떤 어머니는 옷보다 금이 좋다면서 금을 사고, 어떤 어머니는 아주 비싼 프라이팬을 샀다. 꼭 무언가를 사지 않아도, 꼭 돈을 쓰지 않아도 괜찮다. 남편이나 아이에게 필요한 것을 생각하는 것이 아니라 자신의 욕구를 충족시키는 것이 아이를 위해서도 좋다는 개념이 전달되어야 한다.

🎒 하하안안

하하안안: "아이가 하겠다는 것은 하게 하고, 아이가 안 하겠다는 것은 안
하게 한다."

하하안안! 무슨 사자성어 같은데, 상담 중 부모교육을 하면서 필
요한 말을 하다 보니 자연스럽게 만들어진 말이다. 이제 상담을 끝
낼 때가 거의 다 되었다. 부모는 지지와 수용을 배워 아이를 대하
고 있고, 아이도 자존감이 상승하면서 스스로 하는 긍정적인 활동
이 늘어난다. 부모의 신뢰를 확인한 아이는 충분히 건강한 판단을
내릴 수 있고, 당연히 부모가 꿈꾸던 일상적인 활동이 늘어난다.
그리고 가끔 이전으로 돌아가고 싶은 유혹이 있지만 잠시 벗어났
다가도 스스로 돌아올 수 있다. 이제 부모가 할 일은 아이의 자발
적 욕구를 수용해 주어 아이의 통제감을 계속 높이는 것뿐이다. 자
발적 욕구가 인정될 때, 유능감과 재미를 느낄 수 있고 하고 싶은
것이 많아져서 삶을 주도적으로 살아갈 수 있다. 그리고 그 방법은
간단하다. 아이가 하겠다는 것은 바로 하게 하고, 아이가 안 하겠

다는 것은 흔쾌히 안 하게 하는 것이다.

하겠다는 것을 하라고 하는 것은 어렵지 않고, 부모도 그 필요성을 받아들인다. 친구네 집에서 자고 온다고 하면 보내면 된다. 야밤에 라면을 먹고 싶다고 하면 끓여 먹으라고 하면 된다. 여기에 더하여 안 하겠다는 것을 안 하게 하는 것도 아이의 통제감을 키우는 데 있어서 같은 수준의 의미를 가지는데 부모는 이를 잘 받아들이지 못하는 경우가 많다. 그래서 설명을 좀 더 해야 한다. 주말에 친구랑 놀려고 했는데 외갓집에 가자고 하는 상황에서, 아이가 "안 가면 안 돼요?"라고 한다면 "그래, 안 가도 돼."라고 편하게 받아 줘야 한다. 대개는 가자고 설득을 하거나, 설득은 하지 않더라도 빤히 쳐다보면서 아들을 할머니도 보러 가지 않는 나쁜 놈으로 만들기 쉬운데, 편하게 받아 주는 것이 좋다. 아이는 이제 좀 방구석에서 나와서 친구를 만나는 즐거움을 느껴 가고 있는 상황이다. 즐겁게 친구랑 만나서 게임을 하는 경험은 한 달간 햇볕 쨍쨍한 사막을 겨우 지나고 나서 만난 작은 오아시스 같은 것인데, 이걸 뺏는 것은 할머니보다 더한 대상이 있어도 힘든 일이다. 그리고 가족보다 친구를 선택하는, 또는 가족보다 놀이를 선택하는 이 한 번의 선택을 부모가 존중해 줄 때, 다음에 정말 중요한 가족 행사에 즐겁고 흔쾌히 참여하는 아이를 보게 될 것이다.

🎒 지금까지의 대처 지속하기

상담의 마지막 회기에는 두 가지 작업을 해야 한다. 그동안의 상담 내용을 정리하는 것이 하나이고, 또 하나는 앞으로 상담 이후에 어떻게 대응해야 하는지 안내하는 것이다.

"상담 10번, 20번으로 아이의 분노가 모두 사라지고 행동 문제가 없어지진 않습니다. 그러나 상담하신 내용을 토대로 지금까지 하셨던 행동을 부모가 지속하는 것이 중요합니다. 힘들면 다시 상담에 올 수 있습니다. 그리고 다시 상담에 왔을 때는 대개 1~2회기만 하면 충분합니다."

살다 보면 중심을 잃을 때가 가끔 있지만, 초등학교 때 자전거 타 보고 대학생 돼서 6~7년만에 자전거를 타도 몸이 기억하는 것처럼, 힘들어지면 상담에 와서 잠깐만 대화를 해도 문제가 무엇인지 금방 깨닫게 된다. 이때 부모들이 많이 하는 말은 다음과 같다.

"에구, 제가 잔소리가 다시 많아졌네요."
"제가 욕심을 부렸네요."
"아……. 조금만 더 기다릴 걸 그랬어요."
"다 아는 건데 제가 왜 그랬을까요?^^"

그러고는 대부분 "다시 해 볼게요."라고 하고 간다. 부모가 자녀를 대한 방식, 자신이 살아온 방식, 그래서 익숙해진 생활방식을 바꾸는 것은 정말 어려운 일이다. 그 어려운 일을 하기 위해 절차탁마하는 모습은 치료자에게도 매번 감동을 준다.

보통 하루 여섯 번의 인사는 20회 이상 장기로 가는 경우도 있지만, 10회 내외에서 종결되는 경우가 많다. 아이의 문제가 다 개선되기보다는 부모가 아이를 대하는 방법이 근본적으로 바뀌게 되고, 부모가 바뀐다면 상담에 올 필요는 거의 없기 때문이다. 피트니스센터에서 PT를 받으면서 코치에게 운동법을 충분히 배웠다면, 이제는 배운 운동법대로 자신이 운동을 하기만 하면 계속 몸이 좋아지는 것과 비슷하다. 그동안의 경험으로 볼 때, 10회 정도를 열심히 다닌 부모는 하루 여섯 번의 인사에서 말하는 개념을 충분히 이해하는 것 같다.

06

이론적 근거 및
치료 대상

🎒 이론적 근거

하루 여섯 번의 인사는 논문이나 연구 프로젝트를 위해 만들어진 것이 아니고, 저자가 상담 현장에서 대응을 하면서 10년에 걸쳐 자연스럽게 만들어진 매뉴얼이다. 그래도 이해를 돕기 위해 이론적 설명을 해 보자면, 기능적으로는 행동주의에 가깝고, 태도적으로는 인본주의에 가깝다. 그래서 이론적 방향은 지지적 행동주의 치료라고 해야 할 것 같다.

보통 심리적 증상은 가족과의 관계 속에서 역동적으로 발생한다. 적당한 시간 안에 해결이 되지 않으면 문제가 되는 행동과 생각에 익숙해지고, 더 시간이 지나서도 해결되지 않으면 병리적 상태에 빠져서 통찰을 가지기 힘들어진다. 대개 해결은 거꾸로 이루어진다. 상담 초반에는 충분한 지지와 공감을 해 주고, 마음이 편해지면 실제적인 행동을 바꾸도록 돕는다. 행동이 바뀌면 문제가 해결되면서 생각이 바뀐다. 그러면서 자신의 문제행동에 대한 깊이 있는 이해가 이루어지는데 이를 통찰이라고 한다. 통찰이 일어날 정도라면 긍정적인 행동변화는 앞으로 상당 기간 지속된다고 봐도 된다.

기존의 치료 방법 중에서 하루 여섯 번의 인사에 가장 가까운 방법은 부모관리훈련(parent management training: PMT; Kazdin, 2008)

이다. 이 방법은 부모를 행동주의 치료자로 만든다는 면에서 가장 비슷한 목표를 가진다. 그리고 품행장애, ADHD 등 외현화 행동문제에 특화된 방법으로 행동주의적인 요소가 훨씬 더 강하다. 또 다른 방법으로는 최근에 긍정훈육(박예진 역, 2016)이라는 이름으로 다양한 치료 매뉴얼 서적들이 출판되고 있는데, 이는 인본주의적인 요소가 더 강하다.

치료 대상

처음에는 등교거부 아이와 부모를 상담하면서 만든 매뉴얼이지만, 지금은 보호자가 있는 상담의 모든 보호자에게 적용하고 있다.

치료 대상

1. 등교거부(초·중·고), 은둔형 외톨이, 회피성 성격장애 등 회피적이고 미숙한 대처가 주된 상태
2. 품행장애(비행청소년), 반항성 장애, ADHD
3. 학습부진, 지적장애, 사회적 의사소통 장애(아스퍼거), 고기능 자폐
4. 부부치료, 도박치료

이 방법은 내담자 본인의 통찰이나 상담 의욕은 부족하지만 보호자는 협조 가능한 모든 상황에서 적용할 수 있고, 매우 효과적이다.

등교거부는 증상 자체가 방에서 나오지 않는 것이니, 상담센터에 올 리가 없다. 당연히 보호자를 치료자로 만드는 상담을 해야 한다. 품행장애는 아이의 변화 의지가 부족한 것에 더하여 권위에 대한 반항심까지 있어서 본인을 상담하는 것이 더 어렵다. 이 경우에도 보호자가 하루 여섯 번의 인사를 잘 따라오면 아이의 행동이 개선되는 경우가 많다. 학습장애를 비롯한 기능적 문제가 있을 때, 기능을 향상시키기 위해서는 무엇보다도 아이의 노력이 필요하다. 자신이 못하는 것을 해야 하기 때문에 아주 많은 에너지와 높은 동기가 필요한데 이를 고취시키기 위해서도 부모의 지지적인 양육태도가 가장 중요하다. 부부상담이나 도박상담에서는 문제가 되는 내담자가 아니라 상대 배우자나 보호자가 오는 경우가 많다. 하루 여섯 번의 인사는 이런 상황에서도 매우 효과적이다. 부모는 배우자든 가족 관계 내에서 지지적인 대처를 할 때 대부분의 내담자가 바람직한 행동을 더 많이 하게 된다. 그래서 난 성선설을 믿는다.

제2부

하루 여섯 번의 인사
치료자 매뉴얼

프로그램 회기별 목표

단계	회기	회기별 목표
1	1	프로그램 구조화 및 하루 여섯 번의 인사 과제 안내
	2	과제 수행 점검 오리엔테이션
	3	부적 처벌에 대한 심리교육
	4	자녀의 긍정적인 변화 관찰 및 이해
2	5	정서적 지지 제공하기
	6	친밀감 증진하기
	7	협상 능력 키우기
	8	휘둘림 당하지 않기
3	9	자율성 강화
	10	주도성 키우기
	11	퇴행에 대비하기 및 조력하기
	12	부모의 스트레스 관리 및 프로그램 마무리

✎ **단계:** 1단계

✎ **목표:** 프로그램 구조화 및 하루 여섯 번의 인사 과제 안내

✎ **부모상담 세부내용 및 예시**

1. 면담 및 행동관찰을 통해 파악한 내담자의 문제행동 안내

㉎ (치료자) 어머니 말씀을 들으니, 아이는 이미 등교거부가 시작된 것으로 보입니다. 등교하는 날 아침마다 배가 아프다고 하고, 그래서 결국 학교를 안 가는 날도 있고요. 학교 가서도 조퇴하는 날이 점점 많아지고 있습니다. 아이들이 이러한 상태에 빠지는 이유는 여러 가지가 있겠지만, 그보다 중요한 것은 빠져나오는 방법이 있고, 부모님이 가장 잘 도와주실 수 있다는 것입니다. 그리고 이를 위해서는 아이의 마음을 편하게 만들어 주는 것이 가장 중요합니다.

2. 심리교육

• **하루 여섯 번의 인사 과제 안내(A 친구 vs. B 친구)**

㉎ (치료자) 어머님, 친구가 10만 원을 빌려달라고 하는데, 100만 원이

있어도 빌려주기 싫은 친구가 있는 반면, 수중에 10만 원밖에 없는데도 불구하고, 90만 원을 다른 데에서 빌려와서라도 도와주고 싶은 친구가 있습니다. 현재는 아이에게 어머니가 돈을 빌려주기 싫은 친구일 수 있습니다. 우리의 목표는 어머님이 90만 원을 다른 데에서 빌려와서라도 도와주고 싶은 친구가 되는 것입니다. 그렇게 하기 위해서는 ○○이의 스트레스를 줄이고 친해져야 합니다. ○○가 스트레스를 받는 요인은 여러 가지가 있는데 그것은 외부와 내부로 나눠 볼 수 있습니다. 외부 스트레스의 경우는, 예를 들어 학교 생활, 친구관계에서 발생하는 스트레스입니다. 내부 스트레스의 경우, 대부분 가정 내에서 발생합니다. 외부 스트레스는 조절하기 힘들지만, 내부 스트레스의 경우는 외부 스트레스에 비해 조절하기 쉽습니다. 그래서 어머님이 제가 말씀드린 행동을 하면서 노력해 주신다면, ○○이를 편안하게 만듦과 동시에 친해질 수 있습니다. 가정 내에서 하셔야 할 행동은 ① 절대 잔소리를 하시면 안 됩니다. ② 하루에 여섯 번 친절하게 인사를 하셔야 합니다. ③ 꼭 지시를 할 게 있다면, 하루에 한 번만 다정한 말투로 하시고, 절대 확인하시면 안 됩니다. ④ 아이가 먼저 말을 걸 때는 어머님의 의견은 말하지 마시고, 듣기만 하셔야 합니다.

3. 향후 내담자의 변화 및 예상되는 어려움 안내

㉄ (치료자) (그림 1을 보여 주면서) 이렇게 하시다 보면 아이의 변화가 일어나긴 하지만, 한순간에 변화되지는 않고 시간이 오래 걸립니다. 시간이

오래 걸리는 이유는 지금은 아이가 긍정적으로 변화하기 위한 밑작업을 탄탄히 하는 과정이기 때문입니다. 이렇게 1단계에서 어머님이 잘해 주셔야 다시 예전으로 돌아갈 확률이 줄어듭니다. (그림 2를 보여 주면서) 제가 내드린 과제들을 하다 보면 초반에는 오히려 문제행동이 더욱 많이 나타날 수 있습니다. 이에 걱정스러운 마음이 들면서 답답하시겠지만, 이 시기를 잘

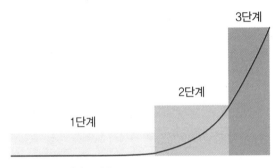

[그림 1] 아동 변화 그래프

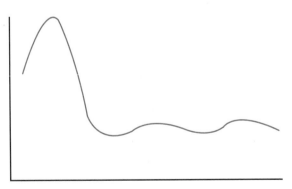

[그림 2] 개입 초기 어려움에 대한 그래프

견뎌 내야만 아이가 변화할 수 있습니다. 최대한 노력해 보시고, 잘 안 되거나 어려운 것이 있다면 기억해 두셨다가 다음 상담 때 이야기 나눠 보도록 하겠습니다.

2회기 개입안

✎ **단계:** 1단계

✎ **목표:** 과제 수행 점검 오리엔테이션

✎ **부모상담 세부내용 및 예시**

1. 회기 진행 안내 및 지난 생활 점검

- 과제의 중요성 강조, 상담 진행 순서 및 시간 안내
- 파악할 내용: 새로운 이슈, 부모 및 아동이 어떻게 지냈는지, 부모와 아동 사이의 갈등 여부

㈜ (치료자) 오늘부터는 어머님 상담을 먼저 할 건데요. 어머니를 먼저 상담하는 이유는 ○○이가 변화하기 위해서는 어머님과 아버님이 먼저 변화함으로써 ○○이가 스트레스에 대응할 내적인 힘을 기를 수 있는 환경을 조성하는 것이 가장 중요하기 때문입니다. 앞으로 어려웠던 것이나 하고 싶은 이야기는 이 시간에 하시면 됩니다.

2. 과제 수행 정도 파악 및 과제 수행에 따른 답답함에 대해 공감

㈜ (치료자) 지난주에 내드린 숙제는 하셨나요? 100점 만점에 몇 점 정도

한 것 같으세요?

(모) 한 70점 정도 한 것 같아요.

(치료자) 이거 하기 힘든데, 많이 노력하셨네요! 어떻게 노력하셨을까요?

(모) "우리 딸 잘 잤어?"부터 시작해서 "귀염둥이 우리 딸" 하면서 안아 줬고, 요즘 화도 잘 안 내고 혼내지도 않았어요.

(치료자) 잔소리하고 싶은 마음이 목까지 올라오셨을 텐데 많이 답답하셨겠어요.

(모) 맞아요. 답답했어요.

(과제를 하면서 느낀 답답함에 대한 공감 및 대화)

(치료자) 어떤 점이 힘들어서 30점을 더 못 주셨을까요?

(모) 잔소리하고 싶은 마음을 참지 못할 때가 있었어요.

(구체적 상황에 대한 조언)

(치료자) 그래도 이번 주에 70점만큼이나 노력해 주셔서 다음번에는 70점보다 더 잘하실 수 있을 것입니다. 앞으로도 숙제하기 힘드시겠지만, 이런 것들을 계속하다 보면 ○○이가 편안해질 것입니다.

3. 심리교육

• 조용한 관심에 대해 설명

㉠ (치료자) 어머님, 조용한 관심을 주셔야 합니다. 조용한 관심은 ○○이의 기본적인 욕구를 채워 주는 것입니다. 여기서 기본적인 욕구는 거창한 것이 아니라 밥 제때 먹고, 제때 자고, 싸고 싶을 때 싸는 것입니다. 관심을 이렇게 조용하게 해야 하는 이유는 자칫하면 ○○이가 조롱받는 느낌이 들거나 위협적으로 인식할 수 있어서 오히려 부담을 느낄 수 있기 때문입니다. 이런 느낌을 받을 수 있는 언행들은 "밥은 잘 먹네~ 넌 그게 입에 들어가냐?", 에휴~(한심스러운 눈빛으로 쳐다보기), 좋은 말씀을 들으려고 ○○이를 교회나 절에 억지로 데리고 가는 것 등입니다. 이러한 행동들은 모두 ○○이의 스트레스를 증가시킵니다. 그래서 관심을 주되 조용하게 주어야 합니다.

4. 과제 상기

㉠ (치료자) 이번 주에 오늘 설명한 내용과 과제를 해 보시고 다음 주에 이에 대해서 이야기 나누는 시간을 가져 보도록 하겠습니다.

3회기 개입안

단계: 1단계

목표: 부적 처벌에 대한 심리교육

부모상담 세부내용 및 예시

1. 회기 진행 안내
- 상담 진행 순서 및 시간 안내

2. 지난 생활 점검
- 파악할 내용: 새로운 이슈, 부모 및 아동이 어떻게 지냈는지, 부모와 아동 사이의 갈등 여부

3. 과제 이행 여부 파악
- 잘한 점, 어려웠던 점 파악

4. 노력과 잘한 점에 대한 칭찬, 어려웠던 점에 대해 공감

5. 심리교육

• 문제행동에 대한 부적 처벌 설명

예 (치료자) 오늘 알려 드릴 내용과 관련해서 간단한 문제 하나 내 보겠습니다. 예를 들어, ○○이가 밤 12시에 들어왔는데, "야, 이놈아! 네가 학생이냐! 그런 꼬라지를 하고 이렇게 늦게까지 싸돌아다닌 거냐? 너 이 녀석 한 번만 더 늦으면 너 죽고 나 죽는 거야 인마!"라고 했습니다. 그러면 ○○이가 다음에 집에 더 빨리 들어올까요? 더 늦게 들어올까요? 그냥 비슷하게 들어올까요?

(모) 더 늦게 들어올 것 같아요.

(치료자) 맞습니다. 이렇게 어머님의 행동에 따라서 ○○이의 행동이 달라진다는 것을 알려 드리려고 합니다. 지금 말씀드린 사례는 심리학에서 유명한 행동주의 이론과 관련이 있습니다. 이 이론에서 중요한 것은 보상을 받으면 그 행동이 증가하고, 처벌을 받으면 그 행동이 감소한다는 것입니다. 앞선 예에서 부모는 ○○이에게 늦게 귀가한 것에 대해서 비난함으로써 처벌을 하였지만, 아이의 입장에서는 집에 들어오자마자 비난을 들었기 때문에 집에 들어온 행동에 대해서 처벌을 받은 것입니다. 따라서 어머님의 비난은 오히려 귀가를 더욱 늦게 하게 만듭니다. 이제 제가 말씀드린 늦은 귀가처럼 ○○이가 안 좋은 행동을 했을 때 어머님이 어떻게 해야 하는지 알려 드리려고 합니다. ○○이가 안 좋은 행동을 한 이유는 단지 화가 나고, 민망해서 다른 사람들에게 솔직히 말하기 어려워 그런 것뿐입니다. 그래서

안 좋은 행동을 했을 때는 어머니 마음속으로 '아~ ○○이가 스스로 화가 났구나. 그런데 나한테 말하기 어려울 뿐이구나.'라고 생각하시는 것이 좋습니다. 그런 다음 안 좋은 행동을 할 때 그 행동에 대해서 관심을 주지 않으면 그 행동은 자연스럽게 사라질 것입니다. 다만, 평소에는 친절한 태도를 유지하셔야 합니다.

6. 과제 상기

(예) (치료자) 이번 주에 오늘 설명한 내용과 과제를 해 보시고 다음 주에 이에 대해서 이야기 나누는 시간을 가져 보도록 하겠습니다.

4회기 개입안

✏ 단계: 1단계

✏ 목표: 자녀의 긍정적인 변화 관찰 및 이해

✏ 부모상담 세부내용 및 예시

1. 회기 진행 안내

• 상담 진행 순서 및 시간 안내

2. 지난 생활 점검

• 파악할 내용: 새로운 이슈, 부모 및 아동이 어떻게 지냈는지, 부모와 아동 사이의 갈등 여부

3. 과제 이행 여부 파악

• 잘한 점, 어려웠던 점 파악

4. 노력과 잘한 점에 대한 칭찬, 어려웠던 점에 대해 공감

5. 심리교육

• 긍정적인 변화 관찰하기 설명

㈜ (치료자) 어머님이 ○○이의 문제행동을 많이 말씀하셨는데요. 이제 정말 아이가 하루 종일 방에 있는지, 정말 하루 종일 컴퓨터만 하는지, 정말 하루 종일 스마트폰만 보고 있는지, 정말 하루 종일 아무것도 먹지 않는지 차분히 관찰을 해 보셨으면 합니다. 그런데 이렇게 부정적인 것뿐 아니라, 아이가 무엇을 할 때 마음이 편한지, 무엇을 할 때 웃음을 보이는지, 어떤 음식을 잘 먹는지, 언제 엄마한테 먼저 말하는지 등 긍정적인 행동에 대해서도 관찰을 해 보셨으면 좋겠습니다. 이렇게 관찰하는 이유는 ○○이가 부정적인 행동을 실제로 많이 하는지 객관적으로 파악하기 위함입니다. 긍정적인 행동을 관찰하는 이유는 언제 아이가 즐거움을 느끼는지 파악해서 ○○이의 긍정적

1단계에 나타날 수 있는 긍정적인 행동변화 체크리스트

• 가족과의 대화가 늘어난다.
• 가족에게 먼저 말을 한다.
• 거실에서 웃으면서 TV를 본다.
• 가족과 밥을 먹는다.
• 얼굴이 편해 보인다.
• 하고 싶은 것을 부모에게 말한다.
• 학교에서 문제로 인한 교사의 전화가 오지 않는다.

인 행동을 늘리기 위함입니다. 처음에는 이러한 행동이 눈에 잘 띄지 않겠지만, 최대한 노력해 주셨으면 합니다.

6. 아이의 긍정적 변화에 대해 안내

(예) (치료자) ○○이가 처음에 상담 올 때에 비해서 마음이 많이 편안해진 것 같습니다. 스스로 감정표현도 하고, 얼굴표정도 편안해졌고, 대화 중간 중간에 '음, 어.' 이런 말들을 많이 사용했는데, 대부분 사라졌습니다. 이러한 변화가 나타날 수 있었던 이유는 상담의 효과도 있겠지만, ○○이가 대부분의 시간을 보내는 가정 내에서 어머님이 정말 숙제를 열심히 함으로써 ○○이가 에너지를 회복할 수 있는 환경을 만들어 주신 덕분입니다. 그리고 숙제하기 힘드시겠지만, 앞으로도 어머님이 지금처럼 숙제를 열심히 해 주시면 ○○이가 스트레스에 대응할 수 있는 내적인 힘이 더욱 커질 것입니다.

7. 과제 상기

(예) (치료자) 이번 주에 오늘 설명한 내용과 과제를 해 보시고 다음 주에 이에 대해서 이야기 나누는 시간을 가져 보도록 하겠습니다.

5회기 개입안

● 단계: 2단계

● 목표: 정서적 지지 제공하기

● 부모상담 세부내용 및 예시

1. 회기 진행 안내

- 상담 진행 순서 및 시간 안내

2. 지난 생활 점검

- 파악할 내용: 새로운 이슈, 부모 및 아동이 어떻게 지냈는지, 부모와 아동 사이의 갈등 여부

3. 과제 이행 여부 파악

- 잘한 점, 어려웠던 점 파악

4. 노력과 잘한 점에 대한 칭찬, 어려웠던 점에 대해 공감

5. 심리교육

• 칭찬하기 설명

예 (치료자) 이제는 ○○이의 자존감을 높이고, 자아상을 긍정적으로 변화시키기 위해서 ○○이에게 칭찬해 주셨으면 합니다. 칭찬받을 간단한 상황들을 만들고, ○○이가 한 행동에 대해서 '~를 했네. 고마워'처럼 칭찬하는 게 포인트입니다. 그런데 칭찬할 때 주의해야 할 것들이 있습니다. 칭찬할 때 비꼬지 않기, 과도하게 칭찬하지 않기, 칭찬은 최대한 짧고 따뜻한 말투로 해 주시고, 칭찬할 게 없으면 아예 하지 않아야 합니다. 처음에는 쑥스럽고 어색할 수 있습니다. 그럼에도 최대한 가벼운 칭찬을 자주 하도록 노력해 주셨으면 합니다.

6. 향후 문제행동 재발에 대한 안내

예 (치료자) (그림 3을 보면서) ○○이가 언제든지 이전처럼 안 좋은 행동을 할 수 있습니다. 이럴 때마다 걱정이 되시고, 다시 처음으로 돌아갔다고 생각하실 수 있습니다. 그래프와 같이 한 번씩 안 좋은 행동을 함에도 불구하고, 처음보다는 꾸준히 좋아지고 있습니다. 한편으로는 이렇게 예전처럼 잠시 되돌아가는 것은 ○○이가 좋은 행동을 하기 위해 그만큼 에너지를 많이 써서 지쳤다는 것입니다. ○○이가 안 좋은 행동을 몇 번 했다고 낙담하지 마시고, 제가 내드린 숙제들을 열심히 하시다 보면 그래프의 마지막처럼 좋아질 것입니다.

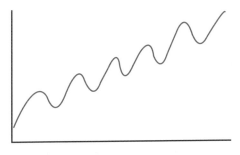

[그림 3] 문제행동 재발에 대한 그래프

7. 과제 상기

(예) (치료자) 이번 주에 오늘 설명한 내용과 과제를 해 보시고 다음 주에
이에 대해서 이야기 나누는 시간을 가져 보도록 하겠습니다.

6회기 개입안

✐ **단계:** 2단계

✐ **목표:** 친밀감 증진하기

✐ **부모상담 세부내용 및 예시**

1. 회기 진행 안내
   • 상담 진행 순서 및 시간 안내

2. 지난 생활 점검
   • 파악할 내용: 새로운 이슈, 부모 및 아동이 어떻게 지냈는지, 부모와 아동 사이
     의 갈등 여부

3. 과제 이행 여부 파악
   • 잘한 점, 어려웠던 점 파악

4. 노력과 잘한 점에 대한 칭찬, 어려웠던 점에 대해 공감

5. 심리교육

• 친교 제안하기

(예) (치료자) ○○이의 마음이 어느 정도 편안해진 것 같습니다. 그래서 이제 발전적인 행동을 증가시키기 위해서 요구할 수 있을 것 같습니다. 예를 들어, 이전에는 ○○이가 "밥 안 먹어!" 하면 그냥 두었지만, 이제는 "밥 같이 먹자."라고 한번 말해 볼 수 있고, ○○이가 방에서 혼자 유튜브를 보고 있어도 그냥 두었지만, 이제는 "그 동영상 재미있어 보인다! 엄마랑 같이 볼까?"라고 한번 말해 볼 수 있습니다. 이렇게 하루에 한 번씩만! 친교를 위한 제안을 해 보셨으면 합니다. 다만, 제안한 것에 대해서 ○○이가 싫어하거나 반응을 안 보이면 그냥 두어야 합니다.

6. 과제 상기

(예) (치료자) 이번 주에 오늘 설명한 내용과 과제를 해 보시고 다음 주에 이에 대해서 이야기 나누는 시간을 가져 보도록 하겠습니다.

7회기 개입안

단계: 2단계

목표: 협상 능력 키우기

부모상담 세부내용 및 예시

1. 회기 진행 안내
- 상담 진행 순서 및 시간 안내

2. 지난 생활 점검
- 파악할 내용: 새로운 이슈, 부모 및 아동이 어떻게 지냈는지, 부모와 아동 사이의 갈등 여부

3. 과제 이행 여부 파악
- 잘한 점, 어려웠던 점 파악

4. 노력과 잘한 점에 대한 칭찬, 어려웠던 점에 대해 공감

5. 심리교육

• 협상하기

⑩ (치료자) 마음이 편안해지고 기분이 좋아진 아이는 이제 어머님께 자신의 욕구를 표현하게 됩니다. 일단 당장 해 줄 수 있고 ○○ 자신이나 남에게 피해를 주는 것이 아니면 다 해 주면 됩니다. 그리고 당장 해 줄 수 없는 것은 "안 돼!"가 아니라, "우리가 어떻게 하면 그렇게 할 수 있을까?"라고 말하면서 아이가 그 욕구를 해소하려면 어떤 방법이 필요한지 같이 고민할 수 있어야 합니다. 어머니는 아이의 욕구 해소를 방해하는 대상이 아니라 욕구 해소를 도와주는 친구 같은 대상이 되어야 합니다. 지금 당장 들어줄 수 없는 요구라면 협상(밀고 당기기)을 해야 합니다. 어머니는 현실적인 여건을 고려해서 ○○에게 해 줄 수 있는 것들을 알려 주고, 아이가 소화할 수 있는 수준의 행동변화를 말씀하셔야 합니다. 그리고 아이의 동의를 구해서 결정해야 합니다. 예로, 아이가 스마트폰을 바꿔 달라고 요구한다면, "지금 쓰는 스마트폰이 있고, 네가 사 달라고 하는 스마트폰은 비싸서 지금 당장 해 주기는 어려워. 그래도 요즘 표정이 밝아지고 학교에서도 잘 지내고 있어서 점점 좋아지는 모습이 보기 좋아. 그래서 엄마도 될 수 있으면 네 부탁을 들어주고 싶어. 엄마는 스마트폰을 사 주려고 노력할 테니 너도 엄마가 원하는 행동을 조금 해 주었으면 좋겠어. 힘들겠지만 앞으로 3개월 동안, 스마트폰 보는 시간을 1시간으로 줄였으면 좋겠어. 3개월 그렇게 하면 바로 스마트폰을 바꿔 줄게. 그리고 스마트폰을 바꾼 다음부터도 스마트폰 보는 시간

은 유지가 되었으면 좋겠어. 대신 생활에 방해가 되지 않게 일주일에 한 번은 마음대로(또는 4시간) 할 수 있는 날을 같이 정해 보자. 그때는 아무 말도 안 할게."처럼 말한 뒤, 아이의 말을 들어 봐야 합니다. 여기서 중요한 것은 지금 당장 부탁을 들어줄 수 없는 이유를 솔직하게 말하고, 아이와 함께 약속을 정하는 것입니다. 그리고 협상을 한 후에는 아이가 약속을 지키는 것과 상관없이 하루 여섯 번의 인사 과제는 꼭 하셔야 합니다. 약속을 지키는지 안 지키는지는 서로가 명확하게 확인할 수 있도록 달력 같은 곳에 표시하고, 어머니의 사정(출장, 회식 등)으로 확인하지 못할 때는 비난이나 처벌을 하지 않아야 합니다. 그리고 언제든지 재협상할 수 있음을 ○○에게 알려 주어야 합니다.

6. 과제 상기

예 (치료자) 이번 주에 오늘 설명한 내용과 과제를 해 보시고 다음 주에 이에 대해서 이야기 나누는 시간을 가져 보도록 하겠습니다.

8회기 개입안

🖊 단계: 2단계

🖊 목표: 휘둘림 당하지 않기

🖊 부모상담 세부내용 및 예시

1. 회기 진행 안내

• 상담 진행 순서 및 시간 안내

2. 지난 생활 점검

• 파악할 내용: 새로운 이슈, 부모 및 아동이 어떻게 지냈는지, 부모와 아동 사이의 갈등 여부

3. 과제 이행 여부 파악

• 잘한 점, 어려웠던 점 파악

4. 노력과 잘한 점에 대한 칭찬, 어려웠던 점에 대해 공감

5. 심리교육

• 휘둘림 당하지 않기

(예) (치료자) 어머니가 아이의 요구를 어쩔 수 없이 들어주게 될 때가 있을 것입니다. 예를 들어, ○○이가 게임 시간을 약속했음에도 불구하고 "나 더 하고 싶어!"라고 하면서 발을 동동 구르며 떼를 쓰면, 어머니는 그동안 잔소리를 참음으로써 쌓여왔던 화를 "너! 그만해! 얼른 숙제해!"라고 표출하셨을 수 있습니다. 그러다가 아이가 막 떼를 쓰다 지쳐 방 한 켠에서 울고 슬픈 표정을 짓고 있으면, 어머니는 속으로 '아……. 내가 너무 했나? 조금 미안하네……. 이번만 들어줘야겠네.'라는 생각을 하면서 ○○이의 요구를 들어주셨던 적이 있을 것입니다. 이렇게 ○○이의 요구를 들어주게 되면 아이는 '아! 떼를 쓰면 엄마가 내 말을 들어주는구나!'라고 생각하면서 떼 쓰는 행동이 더욱 증가하고 어머니는 화를 내고 죄책감을 느낀 뒤 아이의 요구를 어쩔 수 없이 들어주는 악순환이 지속될 수 있습니다. 이와 같이 아이의 무리한 요구를 들어주지 않으려면, 아이의 상태에 상관없이 '하루 여섯 번의 인사'를 유지하면서 죄책감을 느낄 만한 일을 하지 않아야 합니다. 비난하지 않고, 차분하게 이야기만 들어주는 것이 필요합니다.

6. 아직은 기대 낮추기

(예) (치료자) 아직은 화가 충분히 빠져나가지 않았습니다. 약속을 지키지 못하는 일들이 많을 것이고 가끔은 예전과 같은 모습이 나타나기도 할 것입

니다. 이전 한 달(한 주)에 비해서 최근 한 달(한 주)의 모습이 전반적으로 더 좋아졌다면 아이는 좋아지고 있는 것입니다. 그리고 아이가 좋아지고 있다는 것은 어머님이 열심히 노력하시고 있다는 증거입니다.

2단계에 나타날 수 있는 긍정적인 행동변화 체크리스트

• 밥 먹고 난 뒤 자신의 밥그릇을 싱크대에 가져다 놓는다.
• 부모와의 대화가 늘어난다.
• 자신의 일정을 자발적으로 부모와 공유한다(예: "나 친구랑 피시방 1시간 하고 올게." 등).
• 부모와의 약속을 지키려고 노력한다.
• 자신의 의견을 말로 표현하면서, 부모의 생각도 물어본다.
• 부모가 좋아할 만한 사소한 행동이 늘어난다.
• 조건부적인 제안을 한다(예: "이거 하면 내 부탁 들어줘.").

7. 과제 상기

㉠ (치료자) 이번 주에 오늘 설명한 내용과 과제를 해 보시고 다음 주에 이에 대해서 이야기 나누는 시간을 가져 보도록 하겠습니다.

9회기 개입안

✏ **단계:** 3단계

✏ **목표:** 자율성 강화

✏ **부모상담 세부내용 및 예시**

1. 회기 진행 안내

• 상담 진행 순서 및 시간 안내

2. 지난 생활 점검

• 파악할 내용: 새로운 이슈, 부모 및 아동이 어떻게 지냈는지, 부모와 아동 사이의 갈등 여부

3. 과제 이행 여부 파악

• 잘한 점, 어려웠던 점 파악

4. 노력과 잘한 점에 대한 칭찬, 어려웠던 점에 대해 공감

5. 심리교육

• 자율성 강화

(예) (치료자) 아이들이 클수록 신체적, 지적, 사회적 발달로 인해 어머님의 도움 없이 할 수 있는 게 많아집니다. 많아진 힘을 가지고 아이가 자발성을 발휘할 때 부모가 이를 인정해 주어야 합니다. 예를 들어, 중학생인 아이가 친구들과 버스를 타고 타 지역으로 1박 2일 여행을 가고 싶다고 합니다. 그런데 부모님들은 이런 말을 들으면 일단 수많은 걱정이 앞서서 "안 돼."라고 거절하실 것입니다. 이렇게 되면 마치 동물원에서 사육되고 있는 동물들처럼 동물원에 있을 때는 별다른 문제가 없지만, 야생에 방생되면 스스로 간단한 사냥조차 못하고 굶어 죽을 것입니다. 그 이유는 동물들이 혹시나 잘못될까 봐 정해진 장소, 정해진 먹이 등 사육사가 정한 틀 안에서 모든 것을 통제했기 때문에, 야생을 경험할 수 있는 기회가 없었던 것입니다. 이러한 예시에서 알 수 있듯이, 부모님의 걱정이나 가치관 때문에 아이가 야생을 경험할 수 있는 기회를 제한하고 있을 수 있습니다. 야생을 경험해야 하는 이유는 스스로 선택하고, 이렇게 선택한 것에 대한 성공이나 실패를 경험해야 객관적, 현실적, 관습적 판단을 체득할 수 있기 때문입니다. 그런데 이를 위해서 어머님은 그동안 중요하게 생각했던 가치를 내려놓아야 합니다. 사회적인 규범, 남들의 시선, 어머님의 욕심 등이 아이의 자발적인 활동을 받아들이지 못하게 방해합니다. 반대로 어머님이 아이의 자발성을 수용하는 만큼 아이의 자율성과 독립성은 커질 것입니다.

6. 과제 상기

㉠ (치료자) 이번 주에 오늘 설명한 내용과 과제를 해 보시고 다음 주에 이에 대해서 이야기 나누는 시간을 가져 보도록 하겠습니다.

10회기 개입안

● 단계: 3단계

● 목표: 주도성 키우기

● 부모상담 세부내용 및 예시

1. 회기 진행 안내

• 상담 진행 순서 및 시간 안내

2. 지난 생활 점검

• 파악할 내용: 새로운 이슈, 부모 및 아동이 어떻게 지냈는지, 부모와 아동 사이의 갈등 여부

3. 과제 이행 여부 파악

• 잘한 점, 어려웠던 점 파악

4. 노력과 잘한 점에 대한 칭찬, 어려웠던 점에 대해 공감

5. 심리교육

• 주도성 키우기

⑩ (치료자) 아이는 이제 더 이상 화를 조절하지 못하는 헐크가 아닙니다. 자신의 문제행동을 고치겠다고 하거나 고민을 말하기도 합니다. 어릴수록 말하기보다는 행동변화가 먼저 나타나기도 합니다. "영어 학원에 다니고 싶어.", "철수랑 싸웠는데 어떻게 하지?", 혼자서 숙제하기 등 이 정도 모습을 보인다면 ○○이는 이제 충분히 건강한 판단을 할 수 있는 상태입니다. 그렇다면 어머니가 옆에서 도와주셔야 할 일은 ○○이의 자발적 욕구를 수용해 주어 스스로 무언가를 할 수 있다는 마음(효능감)을 증가시킬 수 있도록 해 주는 것뿐입니다. 이렇게 해 주신다면, 무언가를 해낼 수 있다는 자신감과 재미를 느껴서 자신의 삶을 주도적으로 이끌어 갈 수 있습니다. 욕구를 수용해 주는 방법은 ○○이가 하겠다는 것은 하게끔 도와주고, 안 하겠다는 것은 안 할 수 있도록 존중해 주는 것입니다.

6. 과제 상기

⑩ (치료자) 이번 주에 오늘 설명한 내용과 과제를 해 보시고 다음 주에 이에 대해서 이야기 나누는 시간을 가져 보도록 하겠습니다.

11회기 개입안

🖊 **단계:** 3단계

🖊 **목표:** 퇴행에 대비하기 및 조력하기

🖊 **부모상담 세부내용 및 예시**

1. 회기 진행 안내
- 상담 진행 순서 및 시간 안내

2. 지난 생활 점검
- 파악할 내용: 새로운 이슈, 부모 및 아동이 어떻게 지냈는지, 부모와 아동 사이

  의 갈등 여부

3. 과제 이행 여부 파악
- 잘한 점, 어려웠던 점 파악

4. 노력과 잘한 점에 대한 칭찬, 어려웠던 점에 대해 공감

5. 심리교육

• 퇴행에 대비하기

예 (치료자) 아이는 잘하다가도, 이전처럼 다시 문제행동을 할 수 있습니다. 갑자기 별것 아닌 일에 짜증을 내기도 하고 다시 방에 처박혀 있을 수도 있습니다. 어머님들은 일반적으로 "그렇게 참고 노력을 했는데 이 자식 또 그때로 돌아갔네.", "다 소용없어!"라고 생각합니다. 아이가 그렇게 하는 것은 대부분은 그럴 만한 상황적 이유가 있었던 경우가 많습니다. 어머님이 직장 스트레스가 많아서 아이의 행동에 예민하게 대응하거나, 정신을 차린 아이가 현실에 직면해서 고통감이 밀려올 수 있고, 살다 보면 겪을 수 있는 소소한 갈등이 있었을 수도 있습니다. 침착하게 앞뒤 상황을 파악하여, 그렇게 할 수밖에 없었던 이유에 대해서 부모와 아이가 함께 점검할 수 있어야 합니다. 또한 이렇게 퇴행하는 모습은 아이가 그동안 열심히 하면서 지친 마음의 표현이기도 합니다. 이때 비난하지 말고 칭찬과 위로를 해 주어야 합니다.

• 조력하기

예 (치료자) 이제 아이는 세상으로 나갈 준비를 해야 합니다. 아이의 뒤에서 아이가 할 수 있는 것은 혼자 하도록 힘을 불어넣어 주고 아이를 싫어하는 사람들(친구, 교사)로부터 적당히 보호해 주어야 합니다. 어머님의 믿음과 보호는 아이가 통제감을 유지하면서 현실적인 판단을 내릴 수 있도록 합니다. 예를 들어, 아이가 "친구랑 피시방 다녀와서 숙제할게요."라고 하면 "그래, 알았어. 누구랑 가니? 돈은 얼마가 필요하고? 그리고 몇 시에 올 건지 말해 줘."라고 아이의 욕구를 수용하면서, 아이의 계획을 물어보면 됩니다. 그리고 아이가 "엄마, 나 이번 체험학습 안 간다고 말해도 돼?"라고 할 때 "무엇 때문인지 말해 줄 수 있니? 엄마가 선생님한테 말해 볼게. 그러고 나서 또 얘기해 보자."라고 하면서 아이의 욕구를 해치지 않고 지지적인 대응을 해 주는 것이 중요합니다.

6. 과제 상기

예 (치료자) 이번 주에 오늘 설명한 내용과 과제를 해 보시고 다음 주에 이에 대해서 이야기 나누는 시간을 가져 보도록 하겠습니다.

12회기 개입안

단계: 3단계

목표: 부모의 스트레스 관리 및 프로그램 마무리

부모상담 세부내용 및 예시

1. 회기 진행 안내
- 상담 진행 순서 및 시간 안내

2. 지난 생활 점검
- 파악할 내용: 새로운 이슈, 부모 및 아동이 어떻게 지냈는지, 부모와 아동 사이의 갈등 여부

3. 과제 이행 여부 파악
- 잘한 점, 어려웠던 점 파악

4. 노력과 잘한 점에 대한 칭찬, 어려웠던 점에 대해 공감

5. 심리교육

• 부모의 스트레스 관리

예) (치료자) 아이가 좋아질 때쯤 어머님들께서 우울감을 호소하거나 아이는 잘하고 있는데, 화가 나는 경우가 있습니다. 그동안 마음속으로 참아 온 스트레스가 폭발하는 것입니다. 어머님이 힘든 것은 너무 당연합니다. 그동안 아이 때문에 어머님이 정말 고생이 많았습니다. 그리고 그 노력에 비해 아이가 충분히 좋아지지 않은 것도 사실입니다. 그런데 아이는 계속 좋아지고 있는 중입니다. 어머님의 기대에는 미치지 못하지만 좋아지는 중입니다. 지금까지 하던 것은 좀 쉬시고 아이에게 화내고 싶으면 내고, 아이를 떠나고 싶으면 잠시 떠나도 됩니다. 자동차 경주 대회 때 중간에 휴식이나 점검 없이 계속 트랙만 돌면 자동차가 퍼지기 때문에 중간에 자동차 타이어도 갈고 엔진도 식힙니다. 이런 것처럼 어머님도 휴식을 통해 에너지를 보충해야 될 때입니다. 그래야 중간에 포기하지 않고 아이를 도와줄 수 있습니다.

6. 프로그램 마무리

예) (치료자) 상담 10번, 20번으로 아이의 화가 사라지고 모든 문제가 없어지진 않습니다. 상담하면서 들었던 내용을 토대로, 지금까지 어머님이 변화해 왔던 행동을 지속하는 것이 중요합니다. 힘들면 다시 상담에 올 수 있습니다. 그리고 다음에 왔을 때는 1~2번만 상담을 하면 될 것입니다.

▌참고문헌

Kazdin, A. E. (2008). 말썽 많은 아이 제대로 키우기: 학습원리에 따른 부모관리 훈련. 정영조, 김종남, 이정임 공역. 서울: 시그마프레스.

Kearney, C. A. (2013). 등교를 거부하는 청소년: 평가와 처치를 위한 기능 중심 접근. 임은미, 강지현, 김인규, 김지현, 여태철, 윤경희, 임진영, 하혜숙, 황매향 공역. 서울: 학지사.

Kearney, C. A., & Silverman, W. K. (1996). The evolution and reconciliation of taxonomic strategies for school refusal behavior. *Clinical Psychology: Science and Practice, 3*, 339-354.

루시 조 팰러디노(2018). 스마트폰을 이기는 아이(스마트폰 없이도 잘 사는 아이로 키우는 7단계 주의력 훈련). 이재석 역. 경기: 마음친구.

사이토 다마키(2012). 은둔형 외톨이 그 이해와 치유법. 김경란, 김혜경 공역. 경기: 파워북.

제인 넬슨, 린 로트, 스테판 그렌(2016). 우리 아이 인성교육을 위한 긍정 훈육법. 박예진 역. 서울: 학지사.

저자 소개

성태훈(Sung Taehun)

고려대학교 심리학과 박사과정 수료
삼성서울병원 정신건강의학과 임상심리 수련
한국임상심리학회 홍보 및 정보이사
원주, 횡성, 평창, 홍천, 정선 교육지원청 Wee센터 자문위원
임상심리전문가(422, 한국심리학회)
정신건강임상심리사 1급(434, 보건복지부)
현 지우심리상담센터 원장

저서
쉽게 풀어 쓴 MMPI-2/A(2022, 학지사)
쉽게 풀어 쓴 로르샤하(2020, 학지사)
포니아(음소학습기반 기초학습기능 항싱 프로그램)(2019, 인싸이트)
종합심리평가 보고서 작성법 1-보고서 작성법, 성인 정신장애(2판, 2019, 학지사)
종합심리평가 보고서 작성법 2-아동 · 청소년 정신장애(2017, 학지사)

유튜브: 싸이파파의 느린성장연구소
인스타그램: @psypapa1234
네이버 카페: 싸이파파의 심리학도서관

등교거부 심리치료

하루 여섯 번의 인사

Parent Training for School Refusal Youth

Six Greetings

2023년 5월 10일 1판 1쇄 발행
2024년 8월 20일 1판 3쇄 발행

지은이 • 성 태 훈
펴낸이 • 김 진 환
펴낸곳 • (주)**학지사**
　　　　04031 서울특별시 마포구 양화로 15길 20 마인드월드빌딩 5층
대표전화 • 02) 330-5114　　팩스 • 02) 324-2345
등록번호 • 제313-2006-000265호

홈페이지 • http://www.hakjisa.co.kr
인스타그램 • https://www.instagram.com/hakjisabook

ISBN 978-89-997-2902-7 03180

정가 13,000원

출판미디어기업 **학지사**

간호보건의학출판 **학지사메디컬** www.hakjisamd.co.kr
심리검사연구소 **인싸이트** www.inpsyt.co.kr
학술논문서비스 **뉴논문** www.newnonmun.com
원격교육연수원 **카운피아** www.counpia.com
대학교재전자책플랫폼 **캠퍼스북** www.campusbook.co.kr